教養としての人物学

教科書では教えてくれない知られざる偉人の正体

鈴木茂

Clover
クローバー出版

まえがき

藤井聡太竜王・名人の活躍が世間の注目を集めています。彼がプロ棋士になった当時、ソフト不正使用問題などで、将棋人気は下降の一途を辿っていました。「斜陽産業」と評した棋士もいたほど。その時、救世主として将棋界に彗星の如く現れたのが彼でした。**時代が求めたのだ、心からそう思いました。**

この、「人は時代を生きるのではなく、時代が求める人生を生きるに過ぎない」という考え方は、人生の最晩年を迎えようとする私が今、強く感じていることでもあります。

歴史には名を残した多くの人物がいます。その人生を眺めると圧倒されます。と同時に、「分水嶺で迷子になったんだな」と感じることもあります。ただ、断言できるのは、どの人物も時代の求めに応えようともがきつつも知恵の限りに精一杯生き抜いたということです。そして、だからこそ、その人生を辿ることは自分の人生の指針を見つけることでもあり、本当の意味の「時代を読む」行為につながっていくと、私は信じています。

本書で取り上げたのは、時間と空間の縦軸も横軸も多様ながら、間違いなく、時代に真正面から向き合ってきた人物ばかりです。できうるならば、**過去の学びに終始することなく、未来の求めに応じるための書になれば…と願っています。**

二〇二三年七月

鈴木 茂

教養としての人物学

教科書では教えてくれない知られざる偉人の正体

目次

II 危機と難局を乗り越える！ただひたすら信念に生きる

III 才能で時代を切りひらく！時代に愛され世界を魅了する

IV 人を残すは一流！信念、志を未来につなぐ

本書は、『月刊プリンシパル』二〇一五年四月号～一七年三月号連載「教育人物伝」二四名、同誌二〇一七年四月号～二二年三月号連載「この人に学ぶ」六〇名の計八四名より四七名を選び、加筆・修正をしました。書き下ろしの「徳川家光」一名を含めて、四八名を収録したものです。

Stories of I the Greats

世界が驚く！「パックス・トクガワーナ260年」を支えた人々

血で血を洗う戦禍を経て「平穏な世」がもたらされました。世界に類を見ない和平を維持した江戸時代。この時代の前後含めて、和平維持への挑戦と貢献を果たした人々の生き様を追います。

Tokugawa ● Iemitsu

徳《とく》川《がわ》家《いえ》光《みつ》

1604年8月12日〜1651年6月8日

パックス・トクガワーナの礎を確立

トップ依存体制から脱却

「余は生まれながらにして将軍になるべく育てられ、ここに第三代将軍となった。よって、これからは外様大名、譜代大名にかかわらず、すべて余の家臣とする」。

有名な、この途方もないパフォーマンスで家光は一六二三年、徳川幕府第三代将軍として鮮烈なデビューをしました。

天下分け目の関ケ原の戦いを経て、家康が江戸に幕府を開いたのが一六〇三年。世界史上で類を見ない長期安定政権の始まりです。そして、その統治体制を完成させたのが徳川家光でした。**幕末、日本を訪れた外国人は識字率の高さ、書籍の普及、女子教育など、その文化の高さに驚いた記録もあります**が、それは江戸時代、庶民生活にゆとりがあったことや治安の良さ、政治経済が安定していたことの証《あかし》にほかならないとも言えます。

家光は一六〇四年、開府の翌年に誕生します。乳母のお福《ふく》（後の春日局《かすがのつぼね》）の手で育てられた彼は、幼少期はひ弱な上に吃音《きつおん》がありました。一方、母、お江《ごう》の元で愛情を一身に浴びて育った弟、忠長《ただなが》は明朗快活で利発。当然、「時期、将軍に…」という声もありましたが、平和な時代には跡継ぎにもルールが必要と考えた家康の命で、長子の家光が将軍になったのです。

しかし、将軍職に就いたものの、実権は父、秀忠《ひでただ》にありました。家光がその力を発揮し始めるのは、一六三二年の秀忠の死後です。重石の取れた家光は幕府の機構づくりに着手。老中《ろうじゅう》、若年寄《わかどしより》、奉行《ぶぎょう》、大目付《おおめつけ》など、職務と権限を決定します。実は、最初に考えた体制では諸職《しょしょく》は将軍の下に並列的に並んでいましたが、その後、諸職を老中の下に置くように改編します。つまり、**家光はトップ依存型では組織に限界が来ると認識し、そこからの脱却を目指したのです。**

家光の政治手法

家光はそれまでは厳格ではなかった参勤交代を「武家諸法度《ぶけしょはっと》」に明記させてもいます。私たちが受けたこれまでの教育では、参勤交代のねらいは各藩の財政基盤の脆弱化とされてきましたが、現在では、それは結果に過ぎないと言われています。むしろ、江戸で将軍に拝謁《はいえつ》することで主従関係を意識づけ、さらには万一の時の軍事力確保をねらっていたというのが有力です。

しかし、たとえ結果であっても、**家光が大名支配をより強化し、将軍権力を確立したことは紛れもありません。御三家と呼ばれる尾張・水戸・紀伊に対しても、家光は秀忠の時代と異なり、あくまでも家臣扱いにします。**さらには、加藤清正《かとうきよまさ》の子である忠弘《ただひろ》や弟の忠長の改易を行い、徳川支配を盤石なものにしていきます。忠長を最後には自刃《じじん》に追い込んでもいます。

そして、**家光の政策で歴史に大きな変革をもたらしたのが鎖国とキリスト教の禁止**です。スペインやポルトガルが布教を前面に出しながらも、結局は植民地化をねらっているという危機感があった家康は一六一二年に禁教令を出しますが、南蛮貿易の利益を重視したがゆえに鎖国政策は採りませんでした。結果、キリスト教を防ぐことができなかったのです。

実は鎖国令は五回出され、日本人の海外渡航禁止など、鎖国政策は段階的に強化されていきました。しかしながら、長崎の出島以外での外国との貿易を禁止し、その貿易国もオランダと中国に限定した、最終的な形での鎖国を決断したのが家光です。一六三九年のことです。

きっかけは一六三七年の島原の乱でした。約四カ月で鎮圧されますが、家光はキリストの教えこそが絶対とする考え方の怖さを思い知り、キリスト教の排除を決意したのでした。ただ、裏返せば、交易による利益を捨てたことで、徳川幕府の経済基盤にもろさが生まれたこともあながち否定できません。

組織はナンバー2で決まる

一六五一年、家光は病に倒れます。枕元に呼んで、**幼いわが子、家綱《いえつな》の後見役を頼んだのが保科正之《ほしなまさゆき》です。正之はその時点で、家光の側近、現在で言えば官房長官として約十年間、家光**

政権を陰で支えていました。

保科正之は一六一一年、家光の異母弟として生まれました。しかし、嫉妬深いお江によって認知どころか、生涯、父、秀忠との対面さえも叶いませんでした。七歳で高遠《たかとう》藩主、保科正光の養子になった正之は、二〇歳で三万石の高遠藩主となります。やがて家光に引き立てられ、一六三六年には山形藩二〇万石に、一六四三年には会津藩二三万石に転封されていきます。

家光に第四代将軍家綱の補佐を頼まれた正之は、家綱内閣の副総理、実際は総理そのものとして二三年間、政権運営において優れた能力を発揮していきます。そして、**正之は家光の時代までの、力で抑え込む武断《ぶだん》政治と決別するのでした。**

改めて断るまでもないことですが、長期政権を維持するためには力のみでは限界があります。教育や学問に重きを置いた文治《ぶんち》政治へ転換していく必要があります。そして、そんな時代の目を読んだのが正之でした。軍備にかけた財政負担が減少すれば、当然、経済成長率が高くなります。正之はこの経済成長を背景に、上下水道、直線道路、運河利用の水上交通などのインフラを整備し、さらに飢饉のための備蓄や福祉政策を推し進めたのです。

正之は危機管理スキルの持ち主でもありました。江戸の大半を焼き尽くした明暦《めいれき》の大火（一六五七年）での後処理で陣頭指揮を執ったのも正之です。彼は焼失した江戸城天守閣の再建を中止し、その費用を復興に回します。その金額は一六万両。莫大な金額です。当然、反対の声もありましたが、「天守閣はただ、遠くを見るだけのものだろう」と一蹴したのです。

実は、これまで正之の業績はほとんど注目されませんでした。理由の一つは、彼自身が国元に帰る際に記録を焼却したからです。業績をすべて家綱のものにするためです。しかし、最大の理由は、会津藩が藩祖である正之が定めた「家訓《かきん》一五条」に縛られ、明治維新の際に賊軍となったことでしょう。それゆえ、明治政府によって意識的に抹殺された可能性が高いのです。

また、**あれほど時代を読めた先進的な正之をもってしても、二〇〇年後の幕末における時代の流れまでは見通せなかったことも事実**です。ただ、私は歴史上の出来事や人物を後世の価値基準で判断すること自体、間違いがあるとも思っています。歴史を真に学ぶためには、その時代の歴史的背景の中に身を置いて考えることが不可欠なのではないでしょうか。

今、徳川時代の二六〇年が「パックス・トクガワーナ」と呼ばれ、「パックス・ロマーナ」と並び、世界で評価されています。これほど長期の平和は世界史上の偉業だというのです。もちろん、二六〇年にわたる年月の折々で多くのキーマンが登場しますが、私自身は、徳川家光が組織におけるナンバー2の存在価値を誰よりも知り、保科正之にわが子の補佐を託したことが大きな分岐点だと思っています。そして、**家光と正之、この二人の異母兄弟の手で、組織が組織として機能する体制をつくり上げられたことで、「パックス・トクガワーナ」の平和が生まれたと考えています。**

Ishin ● Suden

以《い》心《しん》崇《すう》伝《でん》

1569年（生月日不明）〜1633年2月28日

悪名高き黒衣《こくい》の宰相《さいしょう》

家康政権の中枢にあって

徳川家光（8P）が「パックス・トクガワーナ」の体制の礎をつくったのなら、それに先駆け、家康政権の中枢にあって「法度」という名称で法整備を進めたのが以心崇伝です。パワーバランスが絶対ではない中で大きな組織をつくり上げていくには、まずルールづくりが必須ということでしょうか。以心崇伝は臨済宗の僧侶で、南禅寺金地院に住んでいたことから金地院崇伝《こんちいんすうでん》とも呼ばれていました。

さて、**歴史に名を残した政治家には極めて有能な補佐役が存在するのが世の常。**モンゴル帝国のチンギスハーンには耶律楚材《やりつそざい》、ドイツ帝国のヴィルヘルム一世にはビスマルク、日本では豊臣秀吉に弟の秀長（18P）、そして、**徳川家康の脇にいたのが「黒衣の宰相」と呼ばれた以心崇伝です。**

彼は家康政権において、現在で言えば法務大臣、外務大臣、総務大臣、文科大臣、その上、朝廷関係を司る宮内庁長官の任務を一手に引き受けていました。時には、家康最側近の本多正純《ほんだまさずみ》を補佐し、官房長官の役もこなしていました。彼のつくり上げた完璧なまでの法治システムがなければ、「パックス・トクガワーナ」は存在しなかったと言っても過言ではありません。

彼は極めて優秀で、三七歳の若さで南禅寺二七〇世住職という官寺の頂点に立ちます。四〇歳の時には徳川家康に招かれ、駿府に赴きます。そして、将軍職を秀忠に譲った後も幕政の実権を握る家康の下で、崇伝は明や朝鮮をはじめ、タイ、ベトナムなど東南アジア諸国との交易、西欧諸国との接触、外交文書の起草や朱印状の事務取扱を一手に引き受けます。家康は貿易立国を目指していたのです。また、崇伝は、寺社行政をはじめ、宗教関係の法律担当にもなり、全国寺社を統括するのでした。

法治政権の基礎をつくる

崇伝の活躍は、「キリスト教禁教令」の起草書作成から始まります。彼の書き残した『異国日記』によると、この起草書は一夜にして書き上げられたもの。これがキリスト教排撃の大義名分となるのです。さらに、崇伝は諸大名、寺社、朝廷や公家に対し強力な法的拘束力が伴う政策を立案し、縛りをかけます。「武家諸法度」、「寺院諸法度」、「禁中並公家諸法度」の起草です。

もちろん、全国を束ねる上で、勝手に結婚を取り決めない、城の新築禁止、隣国に不穏な動きあれば報告するなど、徹底した監視体制を構築した「武家諸法度」が必要だったことは、ある意味、理解できます。実際、この法度により取り潰される大名も多かったのですから…。

しかし、「禁中並公家諸法度」は本来、天皇や公家より格下の幕府が制定できるはずがないもの。それでも、朝廷を経済的に追い込みたい幕府は、例えば、「勅許紫衣之法度《ちょっきょしえのはっと》」をつくります。各宗派最高位の証で、朝廷から直接与えられる紫衣は、裏返せば、朝廷の収入源でもありました。その紫衣を幕府の許可なしに与えてはならない、同時に、「寺院諸法度」の中では、許可なく求めてもならないと定めます。**見事なまでの、公家と寺院、両者への圧力です。**

この法度により各寺院の特権は失われ、多くの所領が没収されます。加えて、本山末寺《ほんざんまつじ》制度の確立によって、宗教の統制と同時に、檀家寺請制度で民衆統制も図られたのです。寺請制で寺請証文がつくられ、後にはそれが宗門人別帳に…。家ごとに誕生、死亡年月日が記録され、戸籍の原型や移動時のパスポートになりました。**崇伝の脳裏には、行政システムの構築もさることながら、もしかしたら、現在の国勢調査に値するものさえあったのかもしれません。**

功績残すも悪名は消えず

大坂夏の陣の翌年（一六一六年）、家康が死去。家康神号を何にするかが問題になります。崇伝が「大明神」を推したのに対し、ライバル南光坊《なんこうぼう》天海は「大権現」を…。そして、天海の推す「東照大権現」に決まった結果、大名をも凌ぐ権力を誇っていた崇伝は、次第にその活躍の場が将軍家行事の占いなどに狭められていきます。

　時代の転換期を迎えてもいました。権力が集中しやすい側近政治から合議制の政権運営への移行も、そんな時代の流れの一つ。閣僚も当然、総入れ替えされます。それでも、さすがは以心崇伝、江戸城北の丸に二〇〇〇坪の金地院を拝領したり、「円照本光国師《えんしょうほんこうこくし》」という、僧侶として日本一の証の称号を下賜《かし》されたりしたのも、すべて家康の没後。まさに怪僧です。

　その権力の大きさのためでしょうか、崇伝の悪評は数知れず…。紫衣事件で論争し、出羽国に流罪にされた沢庵《たくあん》和尚から「天魔外道《てんまげどう》」と呼ばれたのはその一例。民衆の中の悪役イメージは極めて強いものがありました。

　有名な方広寺鐘銘《しょうめい》事件でも、鐘の「国家安康」の字句が家康の身を切断することを意味し、「君臣豊楽」が豊臣家の繁栄を祈願するという弾劾は、弱者、豊臣秀頼への言いがかりとしか民衆には見えず、結果、「それほどまでして偉くなりたいのか」という、崇伝個人への侮蔑にも似た思いも生みました。日本人に根強い判官《ほうがん》びいきが影響しているのかもしれません。

　加えて、各種法度によって既得権を剥奪された者たちの計り知れない怨念があります。それがすべて崇伝一人に向けられたのです。実際、伏見城で居並ぶ諸大名に「武家諸法度」を朗々と読み上げたのは崇伝でしたから、向けるべき怒りの矛先は明らかだったと言えるでしょう。

　ただし、これら各種法度は崇伝が一人で考えたものではありません。それどころか、五山の僧を総動員してつくり上げたもの。**崇伝は、多くの官僚群の学識を結集する、官僚政治の価値を知っていたのです。**そこに彼の明晰さもあります。しかしながら、政権を支え、平和の社会づくりを目指していた彼のマキャベリズムが民衆から理解されるはずはありませんでした。

ただ、天才的な政治家でもあった崇伝の功績は、家康の人材活用能力があってこそ可能でした。あんな封建時代にもかかわらず、家康の登用した人物はまさに異能集団。鷹匠上がりの本多正信、官房長官役の正純はその息子。京都所司代で、寺社法度で崇伝の強力な味方となった板倉勝重は禅僧上がり。金山開発の名人、大久保長安は元猿楽師等々…。

当然のことながら、異能と言われる人物は一癖も二癖もあります。そんな**超個性的異能集団を自在に活用した家康の力量があってこそ、「パックス・トクガワーナ」を築けた**のでしょうが、私は、家康を補佐し続けた、徳川幕府創生期のキーマンとしての崇伝の存在も忘れてはならないと思うのです。

崇伝は、あまりにも先駆的・革新的でした。しかも、彼の正しい評価は、「パックス・トクガワーナ」が世界で評価され始めた現代においてもいまだなされていない…。残念です。**「江戸時代は暗黒時代」と、前時代を否定したいがために明治初期等に意図的に流された多くの情報の中で、崇伝個人の評価は悪役のままで固定しているのでしょう。**彼の実像を正当に捉えるためには、まだまだ長い時間と努力が必要なのかもしれません。

Toyotomi ● Hidenaga

豊《とよ》臣《とみ》秀《ひで》長《なが》

1540年4月8日～1591年2月15日

名将の下に名補佐役あり

秀長没後に起きた秀吉の愚行

「歴史上で尊敬する人物は？」という問いかけで必ず名が挙がる一人に豊臣秀吉がいます。彼の人材活用の巧みさ、そして発想の豊かさなど、秀吉の人間的魅力は、時代を超えて人を惹きつけてやみません。まさに「人たらし」です。

ところが、そんな秀吉でも、晩年にはなぜか常軌を逸した行動が目立ちます。後継者に自ら指名した甥の秀次の処刑、師とも仰いだ千利休の切腹、朝鮮出兵など。この朝鮮出兵は深謀遠慮の結果という説も現在は指摘されているものの、後世の人たちが「晩年の秀吉」という言葉を使う時は、老醜にさらされた愚かさを象徴しているのも事実です。

いったい、秀吉に何が起きたのでしょうか。実は、**愚行と呼ばれるすべてが、政権の中枢にあった、弟の秀長の没後に起きています。**この秀長、堺屋太一が小説『豊臣秀長』の主人公に取り上げるまでは、名前さえ知られていない人物でしたが、実は豊臣政権の要《かなめ》とも言える存在だったのです。

公儀のことは私に

秀長は秀吉の三歳下の異父弟。秀吉の側近として、補佐役として、ナンバー2として活躍した、豊臣政権最大の功労者で最高位の重臣です。にもかかわらず、その名があまり知られていないのは、彼があくまでも表舞台に立たず、地味な役割に徹していたからです。

秀長は決して参謀ではありません。軍師でもありません。現在の政府で言えば、幹事長という役回りでしょう。政権内の調整役でした。ただ、秀長自身、**「内々のことは宋易《そうえき》（千利休）に、公儀のことは私に」**と語ったというエピソードがありますが、秀吉から全幅の信頼を寄せられた豊臣政権の実力者です。

実は、他の戦国大名と異なり、**直属の部下を持たなかった秀吉は、常に人材を中途採用していく必要がありました。メンバーが固定しない組織で、全員を満足させることは至難の業です。**中途採用の個性的幹部である黒田官兵衛や竹中半兵衛をまとめることを考えれば、その大変さは容易に想像できます。利害関係で結びついているなら尚更です。無論、組織内調整は本来、トップの仕事です。しかし、信長の手足となって働く秀吉にはそんな時間的余裕はありません。

そういう状況の秀吉軍にあって、**内部調整できる家臣は秀長以外にいませんでした。**温厚篤《おんこうとく》実《じつ》、真面目、寛容な人柄、そして抜群の調整能力。何よりも秀長は功績を上げて立身出世することを望まず、他の武将たちの競争相手にならなかったのです。

ただ、一般には知られていませんが、山崎の戦い、四国攻めや九州征伐などの重要な戦いでは、秀長は大きな功績を残しています。一〇万人以上の混成軍を指揮して勝利したのは、関ケ原の戦いまでは日本史上、秀吉以外には秀長だけ。名将でもあったのです。

しかも、**秀長の戦法の多くは、彼自身が相手と直接会って交渉し、講和に持ち込む、優れた外交戦術によるものでした。**歴史に「たられば」はありませんが、あの関ケ原の戦いは混成軍同士の戦いであり、もし秀長が生きていたら、九〇％西軍の勝利だったとも言われています。

また、トップが大局的に見て誤りの方向に進もうとしていると思うなら、身を挺してでも押しとどめる気概も補佐役には必要です。かつて小泉純一郎内閣時代、「俺は偉大なるイエスマン」と言い、愚かにもそれを誇った人物がいましたが、それでは補佐役は到底、務まりません。ナンバー1のイメージを具現化する才を持ち、しかも、より良い方向へ舵《かじ》取りできる必要があるのです。プロジェクト・マネージャーと言えば、わかりやすいでしょうか。

個人に頼ることは組織上の欠陥

大量の情報が飛び交い、刻々と変化する情報社会である現代。それはある意味、戦国時代に通じるものがあります。共通点は、トップの役割が極めて重要なこと。瞬時に大量の情報を処理し、決断を強いられる場面が多いからです。また、組織の成長に応じてマネジメントの方法も変えていかねばならないからです。

そういう難しい経営の中では、トップは往々に有能な補佐役を欲します。良きスタッフ、専門家を探します。さらに後継者を育成しようとします。しかし、なぜか補佐役を育てようとはしません。それは、ナンバー2の地位を単にトップに上り詰めるための一つのステップとしか考えていないからです。裏返せば、だからこそ、**組織のために補佐役に徹する人材は貴重であり、そういう人材を見つけ、育てることはトップに求められる重要な能力**とも言えるのです。

実際、秀吉にはその能力がありました。秀長自身が、「私は兄に言われ、鍬《くわ》を槍《やり》に持ち替えた者」と語っているように、秀長は百姓で一生を終えることにいささかの疑問も感じていませんでした。それが秀吉のダイレクト・リクルーティングによってその能力を開花させ、天下人になるまでの、そして、なってからの秀吉を補佐したのです。

秀長は真の補佐役でした。秀吉が朝鮮出兵を考え始めた時点で、すでにその危険性や失敗を予見し、必死に止めたという記録も残っています。そして、秀吉が出兵の理由を、「戦功に対して大名武将に与える禄が足りない」ことを挙げた際は、「自分の領地を削って与えればいい」と言って、生前中は諫《いさ》め続けたそうです。

ふと、一昔前の週刊誌に掲載されていたある政治評論家の言葉を思い出しました。曰く、「戦後の内閣で最高の補佐役は後藤田正晴（79Ｐ）官房長官だった」。優れた能力、実績があり、信頼もされている。それでいてトップを目指さなかった官房長官。中曽根康弘（74Ｐ）首相が湾岸戦争で自衛隊派遣を考えた時、後藤田は敢然と反対を唱えます。つまり、**補佐役とはサポーターであり、カムラッド（同志）であることはもちろん、時には、異見のあるストッパーでもなくてはならない**のです。

さらに言えば、秀長の交渉の巧みさのベースには、「きちんと話を聞く」姿勢がありました。当たり前のことのように思われがちですが、これがなかなかできない。秀長は常に、人の考えに耳を傾けることで相手の意向を把握し、まとめ上げていきました。そして、秀吉政権の内においても、敵との交渉においても、その姿勢が大きな働きを生み出していったのです。

ただ、惜しいかな、重要な役割を担う代替機能を組織としてつくっていかなかった。あまりにも秀長一人の人格、能力に頼りすぎていました。**個人に頼るということは、結局は組織にとって致命的な欠陥になり、組織としては機能できなくなる**ということなのです。

「愚者は経験に学び、賢者は歴史に学ぶ」という言葉もありますが、名補佐役と呼ばれた、徳川家康を支えて幕藩体制を盤石なものにした以心崇伝《すうでん》（13Ｐ）、ジンギス・ハンを支えて大モンゴル帝国建設に寄与した耶律楚材《やりつそざい》などなど。名将の下には必ずいる名補佐役に目を向けることが必要な気がします。

Ishida ● Mitsunari

石田三成《いしだみつなり》

1560年（生月日不明）〜1600年11月6日

「大一大万大吉《だいいちだいまんだいきち》」が旗印

朝鮮出兵を一手に担う

「一人はみんなのために、みんなは一人のために」。

かつて私が教師だった頃、学校現場でよく使われたフレーズですが、今から四〇〇年以上前の日本に、この理念を自らの旗印にした武将がいました。石田三成です。言葉は「大一大万大吉」。**「一人が万民のために、万民は一人のために尽くせば、天下の人々は吉（幸福）になれる」**というもの。「狭量」「理屈っぽい」、そして「敗軍の将」という括《くく》りで語られがちな三成ですが、この理念からは、理想的なリーダー像さえ見出せます。彼の実像はどのようなものだったのでしょうか。

三成は類《たぐい》まれな官僚でした。豊臣政権では、秀吉の弟の秀長（18P）が、今で言えば幹事長役、三成が内閣官房長官役として補佐することで、円滑な運営も可能でした。あの朝鮮出兵では、文禄《ぶんろく》の役《えき》で約一五万、慶長《けいちょう》の役《えき》で約一四万の兵を動員しましたが、その輸送、武器・兵糧《ひょうろう》の確保などの手配を一手に担ったのは三成です。

彼の苦労はいかばかりだったのか。しかし、三成には好意的な評価はあまりありません。有名な太閤検地や刀狩りも三成のアイデアという説もあるほど、貢献したにもかかわらず、です。

悪評の中で…

石田三成は一五六〇年、近江国の石田村（現滋賀県長浜市）の土豪の家に生まれ、幼い頃に近くの寺に預けられます。三成の利発さを示すエピソードで有名なのが三献茶《さんけんちゃ》。鷹狩の帰りに寺に寄り、茶を所望する秀吉に三成は、一杯目は多めのぬるい茶を、二杯目は先ほどより少し熱く少なめに、さらに三杯目には大変熱く、ごく少量を献上したのです。相手の喉《のど》の渇き具合を判断し、温度と量を調整した三成のこの機転に秀吉は感動し、仕官させたのでした。

実はこれ、創作だとも言われています。ただ、**三成の生まれた近江地方は伊藤忠商事や西川産業、高島屋、日本生命などが誕生した、商業・経済の発展地域**。そんな土壌で生まれ育ったことが、今、求められているものは何かを見抜く、ある意味、**経営的センスやマネジメント能力を三成にもたらしたことは間違いのない真実でしょう。**

三成が豊臣政権の奉行衆の一人として手腕を発揮しはじめるのは賤ケ岳《しずがたけ》の戦いの一五八三年頃から。この戦いでは、「賤ケ岳の七本槍」と呼ばれる、加藤清正《かとうきよまさ》、福島正則《ふくしままさのり》、脇坂安治《わきざかやすはる》ら七人が有名ですが、彼らの活躍の陰には三成の存在がありました。

まずは兵站《へいたん》。三成は何と将兵五万人の四五日分の食料と武器を準備しておきます。しかも、大垣から急遽、引き返してくる本隊のためには道沿いに松明《たいまつ》を灯し、握り飯と水を用意します。この時、敵将の佐久間盛政《さくまもりまさ》は秀吉陣営の手薄だった木之本城を攻めようとしますが、三成は杭に笠をかぶせた松明を並べ、本隊の到着を偽装します。見事な作戦です。

秀吉の評価が高くなるのと反比例するように、三成は行政運営の考え方の違いから、武闘派とは対立していきます。決定的になったのは朝鮮出兵。かつては老いた秀吉の単なる思いつきとされがちだった朝鮮出兵ですが、現在では周到に準備された壮大な作戦という説が有力です。最終的な狙いは明《みん》にあった秀吉が、経由地の朝鮮に服従と先導を求めたのが始まりです。

ただ、結果は悲惨なものでした。当初は優勢でしたが、明の参戦で戦況は悪化。一時的な和睦後に、再度出兵した慶長の役では人馬の死体が積み重なり、まさに地獄絵図。武将たちの怒りの矛先は、司令本部である三成らに向けられたのです。さらに、三成にとって不運だったのは、千利休《せんのりきゅう》の切腹や蒲生氏郷《がもううじさと》の毒殺説もある死。その陰謀の黒幕とされてしまったことです。

一五九八年八月、秀吉が死去。遺言で五大老五奉行体制の政権運営が始まりますが、五大老の前田利家《まえだとしいえ》の死去で、パワーバランスが崩れます。そして、この時、起きたのが七将襲撃事件。三成は加藤清正、福島正則、細川忠興《ほそかわただおき》、黒田長政《くろだながまさ》ら七人に襲撃されたのです。

窮した三成はあえて敵の本陣とも言える、家康の屋敷に逃げ込んだとされてきました。しかし、家康の屋敷というのは史実ではないばかりか、この襲撃自体、三成の家康暗殺の企み阻止のためとされる資料も見つかっていません。事実か否かは別にして、結局、三成は居城の佐和山城（現彦根市）への引退を余儀なくされるわけです。彼の無念さは容易に想像できます。

領民には慕われていた

三成の厚遇には、為政者として秀吉の判断がありました。つまり、**天下が治まって必要なのは、武人ではなく、有能な官僚（文治派）だというもの。**秀吉は近江出身の能吏《のうり》を重用していきます。いわゆる近江閥です。これに対し、加藤清正たち武闘派は尾張閥。秀吉の深謀遠慮が理解できず、側近としての自分たちの立場を奪ったのは、偏《ひとえ》に文治派の告げ口のせいだと考えました。特に、三成はとかく理詰めで人を説得しようとするばかりか、時には糾弾する傾向がありました。

結果、三成は情がなく、自分の利ばかりを追っていると受け止められてしまいます。何よりもの問題は、三成が武闘派との協調の必要性を感じなかったこと。島左近《しまさこん》を臣下に迎える際には、自分の領地の半分を渡した三成ですが、それは能力を見込んでのこと。清正たち武闘派に対しては、一言で言えば、馬鹿にしていたのです。

この状態に乗じたのが徳川家康です。**三成とは異なり、家康は「情」を前面に出して、懐柔していきます。**「家康殿は武人の心がわかる」と気持ちを掴《つか》まれるわけです。「共に秀頼様を守ろう」と言われたらひとたまりもありません。

もちろん、三成にも理解者はいました。関ケ原で最期まで戦った大谷吉継《おおたによしつぐ》。また、上杉景勝《うえすぎかげかつ》の重臣で、直江状で家康の横暴を天下に公表した直江兼続《なおえかねつぐ》。しかし、彼らの考えなどは家康はお見通し。そして、天下分け目の関ケ原の火蓋が切られたのです。

さて、この関ケ原の戦いは裏切りの戦いでもありました。小早川秀秋《こばやかわひであき》が、家康の攻撃催促によって大谷吉継軍に切り込んでいったのはよく知られた話ですが、他にも赤座直保《あかざなおやす》、小川祐《おがわすけ》忠《ただ》、脇坂安治《わきざかやすはる》など多数が寝返ります。それ以外にも内通、二股など、卑怯な行いの連続でした。後年、日本人が誇りとした武士道など、全く存在していなかったのです。

ただ、そんな時代にあっても、三成が「大一大万大吉」を願い、そのために努めていたことは、佐和山城下の領民たちが彼を慕っていたことからも窺えます。

しかし、残念ながら**三成には決定的に足りないものがありました。処世術というより、他人の気持ちを読み取ろうとする姿勢、人を多面的に捉え、その能力、たとえば清正の築城の巧みさなどを引き出し、使おうとするキャパシティ**です。それらは努力によってカバーできる面もあるのかもしれません。しかし、今、高齢になった私は、人は時代を生きるのではなく、時代が求める生《せい》を生きるのに過ぎず、その運、不運は変えられないと思ったりもしてしまうのです。

それにしても、享年四〇歳。あまりに短い三成の人生でした。

Yamada ● Nagamasa

山《やま》田《だ》長《なが》政《まさ》

1590年～1630年（生月日不明）

伝説の傭兵隊長

元サムライの輸出

現在、ロシアのウクライナ侵攻で注目を集めているのが、傭兵部隊、ワグネル。実は、日本にもかつて傭兵部隊が存在していました。山田（仁左衛門《にざえもん》）長政《ながまさ》の軍です。

長政は一七世紀初頭、シャム（現タイ）で日本人傭兵隊の隊長だった人物。また、貿易商として活躍した人物です。戦前・戦中の教科書では、日本男子の理想像として紹介されてもいます。しかし、正確な記録は全く存在しません。一説によると、沼津藩主、大久保忠佐《ただすけ》の駕籠《かご》かきで、大口を叩く癖があり、「ほらふき仁左」と呼ばれていたとのこと。一六一二年に、おそらく台湾経由でシャムのアユタヤに渡ったと考えられています。

それにしても、なぜ長政たちは傭兵となったのでしょうか。

時代は徳川家康の天下になった頃に遡《さかのぼ》ります。実は、**鎖国が始まるまでのわずか数十年間は大変な海外渡航ブームが起きていました。関ケ原の戦いで生まれた多くの失業武士に対し、徳川幕府は都市から浪人追放政策を実行。大勢の武士が外国、なかでも東**

南アジアに押し出されていったのです。その数、何と一〇万人に及ぶと推測されています。

しかも、東南アジアでは小競り合い続きで、傭兵が必要とされていました。もちろん、武器も、です。関ケ原の戦い時、六万丁があったと言われる鉄砲大国**日本からは、鉄砲ばかりか、刀、長刀《なぎなた》、鎧《よろい》などが長崎平戸からポルトガルやオランダなどの外国船で輸出された**のです。

当然、それぞれの地で日本人町が形成されます。最も有名なのがシャムのアユタヤ。二〜三〇〇〇人とも言われる日本人が生活していました。実際、寺院にある壁画には、スキンヘッドで長刀を担ぎ、戦闘服に身を包んで整然と行進する姿が残っているそうです。また、オランダ東インド会社の商館日記にも、「日本兵は傑出しており、勇敢さで有名だ」と書かれています。そして一六二〇年、この日本人町の三代目頭領に選ばれたのが山田長政でした。

長政軍は強さを誇りましたが、その秘訣は、①戦国時代の、血で血を洗う戦いの経験者②日本刀や火薬など、格段に優れている武器③訓練され、五〇〇人以上でも行動できる、といったことなどが挙げられます。もちろん、長政自身にリーダーの素質があったのでしょうが…。

傭兵隊長と貿易商の二つの顔

山田長政の日本人傭兵隊は、シャムのソンタム王の軍隊とポルトガルの支援を受けたビルマ軍との激戦で活躍。感激したソンタム王によって正規軍に組み込まれ、長政は親衛隊長に抜擢されます。そして、彼はついには最高位の官位まで上り詰めるのでした。

さて、東南アジアの戦いが行われるのは一〇月から二月の乾季のみ。のんびりしたものです。それ以外の時期、長政は日本に鉄砲玉の鉛、香木、鹿皮、それまで誰も扱わなかったエイの皮なども輸出していたことが、残存するバタビア（現インドネシア）の総督との手紙にも書かれています。貿易商としての経済的な大成功が、彼の出世のもう一つの要因でもありました。

一六二九年、長政軍は侵略してきた隣国パタニ（現タイ）を撃退するために、南部のリゴールに向かいます。ところが、そこで長政は長官の地位に祭り上げられます。当時、密かに王位を狙うカラホムが、障害にもなる長政を宮廷から遠い地に追い払おうと目論んだのです。

一方、長政は深刻な兵力不足に悩んでいました。リゴールに従軍した長政軍はわずか三〇〇人、全盛期の三割以下。内部分裂が起こっていたのに加え、徳川幕府の方針転換により兵も武器も補充不可能で、ジリ貧状態でした。それでも、長政はパタニ軍との戦いにどうにか勝利します。が、アユタヤに凱旋することはありませんでした。カラホムが国王を殺害し、王位を奪い取っていたのです。すでにアユタヤに彼の居場所はありませんでした。

長官になって一年後、アユタヤから来たシャム一番の美女と言われた女性と婚礼を挙げた長政は、その夜、この世を去ります。毒殺でした。日本人初の傭兵隊隊長として、異国の地で徒手空拳、孤軍奮闘し、理想を求め、ただ一直線に進んだ長政でしたが、決して本音を語ることのない宮廷内の暗闘には勝てなかったということでしょうか。四〇年余りの短い生涯でした。
長政が亡くなると、アユタヤ郊外の日本人町は、王となったカラホム（プラサットン王を名乗る）の軍隊に焼き討ちされ、跡形もなく消え去ります。生き残った日本兵は新たな戦場を求め、内戦の続くカンボジアへ落ち延びていきました。その後の消息は一切わかりません。

生涯から見えてくるもの

冒頭で少し触れたように戦前・戦中の教科書に登場する山田長政は、海外雄飛の成功者としての位置づけです。そこには、「南方進出の英雄、山田長政に続け」と、戦意高揚を促す意図が透けて見えます。しかし、現在では、長政は忘れられた存在。時の権力者の都合で、一人の人間の人生があたかも将棋の駒のように扱われている観は否めません。

それは、江戸時代でも同じでした。当時の世界は大航海時代。世界中で傭兵が必要とされ、スペインやポルトガル、イギリス、オランダなどの国から多くの人が異国へ飛び出していきました。ただ、どの国も自国人に対しては全面的にバックアップしていました。ところが日本は、無関係を主張。「何か問題があれば、そちらで処分して結構」とまで言っています。国際間の紛争に巻き込まれたくなかったのです。

実は、長政が老中、土井利勝たち宛てに、シャムの使節の日本訪問時のとりなしを依頼する手紙を送っていることが、家康の政治顧問だった以心崇伝（13P）の『異国日記』には書かれています。異国の地で懸命に生きていた長政には、自分の頑張りを祖国に認めてもらいたいという思いが強く、そういうニュアンスも手紙にはあったのでしょう。

しかし、元々、下級階層出身。貿易商としての商才はあったものの、大局的な政治的判断に疎く、結局は王の後継者問題の内紛に巻き込まれました。また、柔軟さが欠けていたことも想像できます。驚くことに、かつてNHK取材班は長政が登場するタイの子守歌を発見していますが、その一節は、「泣くな。泣くと頭領（長政）がさらいにくるぞ」というもの。**彼は完全に悪役。彼の、悪役に見られてしまうような、そんな不器用さが悲劇的な最期につながったのでしょう。**

つまり、長政は柔軟な政治力を持てないばかりか、相手方の心に溶け込めず、本質的には異分子という地位から抜け出せなかった、そう感じるのです。そして、真に異国で生きるためには、その国の文化を認め、そこに生きる人々と共に生きようとする姿勢が不可欠なのだと、改めて思います。

長政が没した五年後、第三次鎖国令で日本人の海外渡航、帰国は全面禁止になります。**人々の記憶の底に埋もれてしまったアユタヤの日本人町の遺跡が発見されたのは、約三〇〇年の時を経た一九三二年のことでした。**

Yanagisawa ● Yoshiyasu

柳沢吉保《やなぎさわよしやす》

1658年12月31日～1714年12月8日

200年間、無実の罪に泣かされた男

フェイクニュースを流布された将軍御側用人

柳沢吉保と言えば、田沼意次《たぬまおきつぐ》（43Ｐ）と並ぶ悪徳高級官僚であり、第五代将軍徳川綱吉の側近として愛人や娘まで差し出し、将軍からの拝領妻やその息子を利用して天下取りを考える奸臣《かんしん》というイメージです。しかし、現在は全く異なる姿が当時の資料から浮かび上がってきています。

柳沢吉保は意次と同じく将軍御側用人《おそばようにん》。側用人というのは、将軍の権力を強化するために綱吉が新たに創設した役職で、吉保は複数いる側用人の中の首席側用人。現在で言えば、総理大臣首席補佐官兼内閣官房長官といったところです。

この吉保、**綱吉に能力と誠実な勤務態度、人心掌握の巧みさを認められ、五三〇石の下級役人から一五万石の大名にまで上り詰めます。当然、嫉妬、羨望、憎悪は想像を絶するものがありました。**

その結果がフェイクニュースの流布。代表的なのが、荻原重秀《おぎわらしげひで》（38Ｐ）にさせた貨幣改鋳《かいちゅう》で、すさまじいインフレと庶民生活の混乱を引き起こしたというもの。ところが、実際はパックス・ト

クガワーナ二六〇年の最大の行財政改革を実施し、元禄の好景気、さらに松尾芭蕉、井原西鶴、尾形光琳、近松門左衛門などが活躍する**元禄文化の隆盛を招いた立役者でもあったのです。**

また、「生類憐《しょうるいあわ》れみの令《れい》」は悪法で、五万人もが牢につながれたとも言われてきましたが、実際は、牛馬はもちろん、老人や捨て子も保護すべき対象としたものでしたし、処罰されたのは二二年間で六九件、年平均で言えば三件余。そのほとんどは武士で、庶民が処罰されることは皆無に等しかったのです。

さらに、賄賂政治家という点も疑問です。昇進の度に必要な引っ越し費用なども、幕府に借金していることが柳沢家の会計日記に記されているからです。また、大名からの過剰な贈り物などに改革の手を入れたのも吉保。賄賂政治家ならば、決してすることのない改革です。

スピード出世

柳沢吉保は一六五八年上野国館林藩士、柳沢安忠の長男として江戸市ケ谷に生まれます。一八歳で綱吉の小姓組に入ります。やがて綱吉が五代将軍に就任すると、小納戸《こなんど》役に任じられ、同時に、綱吉の学問の弟子となります。酒を好まず、異常なほどの学問（儒学）オタクの綱吉にとって、一を聞いて十を知る知力を持つ吉保はまさに「愛《う》い奴」でした。

結果、加増と昇進はとんとん拍子に進み、一六八八年には側用人に任じられ、禄高も一万二〇〇〇石に。一六九〇年に老中に、一七〇四年には一五万石の甲府藩主に就くのでした。

綱吉・吉保の二人三脚の約二五年間では、大規模行財政改革も実施。秀吉以来八〇年ぶりの検地や勘定吟味役（現在の会計検査院）を新設、天領地の行財政改革や代官の世襲制廃止なども行いました。家康の補佐役、以心崇伝によって創設された「武家諸法度」にも手を加えます。

何と、この時代の大名の改易、減封数は四六家。大名の総数が二四三家の時に、です。没収された石高は合計で一六一万石にも及びました。ちなみに減封されたのは、譜代大名二九家、外様一七家。旗本に対する処分も厳しく、一〇〇家以上と言われています。そこからは、**体制内部に生じていたゆるみを何とかしたいという意図が感じられます。**綱吉内閣がよく言われる「アホ将軍」「犬公方《いぬくぼう》」といった忖度《そんたく》官僚の政権では全くなかったことの証でもあります。

能力主義、官僚制も導入しました。貨幣経済化した社会では、経済知識のある人材の有無が政権の命運を担います。身分を問わず、有能な人材登用は不可欠だったのです。

気難しい一面のある綱吉のそばで、それらを見事遂行した柳沢吉保にはある意味、凄味と、当然起きる批判の矛先を一手に引き受ける覚悟さえ感じます。と同時に、吉保の綱吉に対する献身的な勤務ぶりにも驚きます。二三歳での小納戸役という抜擢人事以来、約九年間、ほとんど江戸城に宿直し、家に帰りませんでした。また、綱吉の生母、桂昌院《けいしょういん》が従一位という官位を与えられたのも、吉保の根回しがあったから、とも言われています。

もちろん、それまでして綱吉に取り入りたいのか…という陰口もありました。下屋敷や六義《りくぎ》園《えん》での大宴会や酒食のもてなしで綱吉を籠絡《ろうらく》したとも…。が、実は朝一〇時から綱吉による儒学の講義。昼食を挟んで論議。夕方からは能と、学問オタク将軍による研修会の色合いが強かったそうですが…。

吉保は儒学者、荻生徂徠《おぎゅうそらい》も召し抱え、綱吉が目指す「英明な徳を天下にくまなく明らかにすること」、要は、「あまねく民を愛し、大事にする」という政治理念を理解し、その具現化に努力し続けます。その姿勢からは、阿諛追従《あゆついしょう》どころか、**補佐役という立場を超え、綱吉の政治的パートナーでもあった吉保の姿が浮かび上がってきます。**

悪役イメージ定着の謎

綱吉の死後、吉保は幕府の役職をすべて辞し、長男、吉里《よしさと》に家督を譲って隠居します。機を見る敏《さと》さと引き際の見事さが光ります。その後、柳沢家は甲府から大和郡山に転封されたものの、一五万石の知行は減封されることはありませんでしたし、吉保と六代家宣との関係は良好で、吉保が病床にある時は、家宣から見舞いの言葉が届くほど…。そんな吉保がどうして、鉄板の悪役としての立ち位置で紹介されることになったのでしょうか。

その一番の犯人はメディア。「柳沢騒動」と呼ばれる一連の俗説を生んだ多くの書物の出版です。『三王外記《さんのうがいき》』という娯楽本では、綱吉・家宣・家継三代の治世記という体裁ながら、吉保の息子、吉里は綱吉のご落胤《らくいん》で、吉保は天下を狙う野望を持つ悪の権化《ごんげ》という設定。さらに、『護国女太平記《ごこくおんなたいへいき》』『日光邯鄲枕《にっこうかんたんのまくら》』など、吉保を悪人とする怪しげな書物が次々と巷《ちまた》にあふれ、人気を得ます。「柳沢騒動」を題材とする歌舞伎もあるのです。

しかも、**こうした悪評に拍車をかけたのが、新将軍、家宣の側近であり、天下に名を知られた儒学者、新井白石でした。**自身の政治的偉業を高めるために、著書『折《お》たく柴《しば》の記《き》』で故意に先代の綱吉と吉保を誹謗したのです。高名な儒学者の言葉。重みが違いました。

その重みゆえに、明治、大正、昭和にわたって活躍した有名ジャーナリストの徳富蘇峰《とくとみそほう》までもが、著書『近世日本国民史』で吉保悪人説を展開します。もちろん、中には坪内逍遙《つぼうちしょうよう》のように功績を認める人もいましたが、それは稀有《けう》なことで、四面楚歌の状態だったのです。

私論ですが、吉保悪人説が定着した根底には、忠義の赤穂浪士を切腹させたという、大衆の不満もどこかにあったと思います。また、有名人に対する大衆の覗き見趣味も…。一方、メディア自体にも、スキャンダラスな情報をあえて提供するきらいがあったのではないでしょうか。それは卵と鶏の関係のように、どちらが先かはわかりません。が、少なくとも、**いつの時代であろうと、売らんがためにメディアが意図的に流す偽情報もある**という事実を心することが、メディアに踊らされないためには必要な気がします。

Ogiwara ● Shigehide

荻《おぎ》原《わら》重《しげ》秀《ひで》

1658年(生月日不明)〜1713年11月13日

徳川時代の天才経済官僚

貨幣は瓦礫を以てこれに代えると雖も…

元禄時代、幕府財政は逼迫《ひっぱく》し、困窮を極めていました。窮余の一策として打ち出されたのが貨幣の改鋳《かいちゅう》。その計画の中心にいたのが荻原重秀です。実は、この時点で重秀は知行《ちぎょう》五五〇石の旗本。現在で言えば本庁の課長補佐ですが、その才覚は誰もが認める存在だったのです。

重秀の経済政策は前代未聞のものでした。何と慶長小判を回収し、金の含有量を減らして新たな小判をつくることを提案。当然、幕府には動揺が生まれますが、重秀の意見に耳を傾けたのが綱吉の御側用人《おそばようにん》、柳沢吉保(33P)でした。吉保は開府後初めての貨幣改鋳を断行、元禄小判を発行します。元禄小判は金の含有率が約五七%。慶長小判の三割減でした。幕府が得た収益は五〇〇万両以上と言われ、重秀は**幕府財政の危機ばかりか、当時の恒常的な金不足による通貨量減少の問題も同時に解決**したのです。

重秀の考えは、「貨幣は国家が造る所瓦礫《がれき》を以てこれに代えると雖《いえど》もまさに行うべし」。瓦礫であろうと、国家が保証さえすれば貨幣価値はあるというもの。まさに現在の名目貨幣論、貨幣国定説にほかなりません。経済学史上で最重要人物の一人とされる、イギリスのJ・M・ケインズと比べ、「二〇〇年も早く貨幣経済を先取りした男」という評価があるのも頷けます。

重秀はまさに天才経済官僚。にもかかわらず、これまでずっと悪名高い官僚という位置づけでした。その理由として考えられるのは、元禄期、「銭勘定に長《た》けていることは武士として恥ずかしい」という考えが根強かったこと。**将軍綱吉の政治改革で能力主義が採用されたことも、付いていけない者達から大きな抵抗を生んでいました。**加えて、綱吉の死後、経済音痴の新井白石らが登場したことにも重秀の悲劇があったのでしょう。

天才重秀の業績と新井白石

荻原重秀は一六五八年、勘定奉行の下役《したやく》の二男として、勘定役人が住む武家屋敷が多い、現在の中央区東日本橋に生まれます。新井白石も同じ町内の出身です。

一六七四年、重秀は勘定奉行所の特別募集（公募）に一七歳で応募し、採用されます。幕府が太閤検地以来八〇年間行わなかった検地実施を考えての募集でした。そして、三年後から始まったこの延宝《えんぽう》検地を実際に細かく計画、立案したのが若き重秀だったのです。

重秀は考えます。「天領地の検地で想定される世襲代官の妨害を防ぐには、近隣の諸大名に検地をさせ、それを巡検団を派遣して確認させればいい」と…。名案です。こうして経費を最小限に抑えることにも成功します。重秀は全二九条の検地条目も策定。結果、世襲代官制は廃され、代官の完全官僚制が推し進められるのでした。彼は、佐渡の金山再生のために地下水の排水溝をも完成させています。そして、佐渡の大規模検地を行い、増収にも成功しています。

次に手がけたのが貨幣改鋳でした。重秀は本郷に改鋳工場を建設。純金分は三〇％減ではあっても、慶長小判と同価値通用を強制。巷に出回っている慶長小判は、二〇％上乗せ交換を条件に回収にも努めます。この成果で、重秀は勘定奉行に昇進したのです。三九歳の時でした。

さらに、重秀は金銀の流出防止のために、長崎で外国船の入港制限をし、長崎貿易をすべて幕府直轄にします。そして、大坂銅座を設立し、それまでの金銀に代えて、銅の代物貿易を開始します。その他、酒税も日本で初めて徴収しています。富士山の噴火の際は、幕府直轄地と全国すべての大名に農地一〇〇石に対して二両の割合で臨時の不動産税を課します。

また、元禄の地方直《じかたなお》しも実施します。幕臣の給与システムの大改革です。要は、五〇〇石以上に対する知行取りの導入です。幕府から直に与えられる稟米《りんまい》は天候に左右されませんが、知行地の米収穫量を与えられる知行取りは不安定です。ところが、当時の武士たちは知行取りの方が格上と思っていました。重秀はその心情を利用し、増収を図ったのです。

続いて、重秀が考えたのが元禄検地。この検地で登録漏れの田畑があぶり出されます。

次々に編み出される**重秀の発想と手法の多様さには、目を見張るものがあります。ただ、不運は、富士山の噴火ばかりか元禄大地震も起き、世情が不安になったこと。その上、五一歳の時には後ろ盾の綱吉も死去**してしまいます。六代将軍に選ばれたのは、新井白石が仕えていた徳川家宣でした。

重秀を不倶戴天《ふぐたいてん》の敵のように感じ、妬む白石は、「物価高騰や庶民生活の混乱の原因は貨幣改鋳。重秀は賄賂も取っている」と家宣に上申します。家宣はいったんは白石の言葉を、「重秀は余人を以て代え難し」と斥《しりぞ》けるのですが、白石は「重秀を罷免しなければ差し違えて自殺する」とまで申し出たため、ついに家宣も折れ、重秀を解任するのでした。

重秀は勘定奉行解任の翌年、一七一三年一一月に死去します。亡くなった後も、白石は重秀が二六万両もの巨額な収賄にかかわっていたと『折たく柴の記』で糾弾していますが、それゆえでしょうか。死因については病死、獄死、また自殺説まであります。いずれにせよ、あれだけの功績を残した天才にしては、あまりに悲劇的な最期でした。

重秀解任後、白石により元禄貨幣は再び、元の慶長小判等に改鋳されます。しかし、経済音痴の白石の経済政策が成功するわけもなく、「白石デフレ」と呼べるようなおぞましいばかりの不況が起きます。やがて、第八代将軍吉宗の改革によって白石は放逐されるのでした。

能力主義を採用した徳川時代

一般的に重秀は「質を悪くして小判を増したため、庶民は激しい物価高に苦しむことになった」と評価されていますが、村井淳志の『勘定奉行　荻原重秀の生涯』では、元禄貨幣改鋳後一一年間の物価上昇率は年約三％弱。庶民生活に大きく影響を与えることはなかったそうです。それどころか、**貨幣価値の下落は、富裕層の貯蓄から投資へという傾向を生み、元禄の好景気を招いた**とも指摘しています。つまり、**貨幣増発によってデフレから脱却できた**のです。

実際、消費社会だった綱吉の時代は、経済発展に伴い金の需要は増し、しかも、日本の海外貿易は超輸入超過。金銀が湯水の如く流出する一方で、発掘量は限界に来ていました。

そんな幕府財政悪化の中で、天才経済官僚、荻原重秀は貨幣改鋳を断行したのです。その先見の明に驚きますが、それ以上に、将軍綱吉に能力主義、人材登用を進言し、下級役人出身の重秀を起用した側用人の柳沢吉保らの見識に驚きます。それがあってこその重秀の活躍だったのですから…。

実は、江戸時代の能力主義の人材登用は、幕臣とは言えない家柄ながら勘定奉行にまで昇進し、後に日本代表としてロシアとの交渉を任された川路聖謨《かわじとしあきら》など、他にも実績があります。そこからは、**江戸幕府の政治制度が「暗黒の封建時代」と言われながら、柔軟な側面を持っていたことが窺えるのです。**

Tanuma ● Okitsugu

田《た》沼《ぬま》意《おき》次《つぐ》

1719年9月11日〜1788年7月27日

賄賂と腐敗にまみれたレジェンドの真実

江戸城勤務と自藩経営の手腕

多くの人々にとって、田沼意次と言えば金権政治、賄賂と腐敗の負のイメージが強いでしょう。学者の間でも同じで、評価する者は少数派。高い評価は「まさに斯界《しかい》の奇観」とさえ言われていたほどです。そのイメージが払拭《ふっしょく》されるのは、何と一九七〇年代に入ってからでした。

意次の父親の意行《おきゆき》は、（もとゆき）第八代将軍吉宗の紀州藩主時代からの側近。吉宗は江戸入城後も紀州派を多く登用し、息子、家重の側近にも紀州出身者を集め、一九歳の意次を小姓とします。丁寧な物腰や柔らかい言い方で人に接する意次は人心掌握に長け、次第に頭角を現していきます。

やがて家重が第九代将軍に就任すると、意次も小姓頭に就任。三〇歳の時には二〇〇〇石に。さらに、家重は美濃国郡上藩で起きていた郡上一揆の裁判を担当させるために、四〇歳の意次に裁判官として必要な一万石の大名の地位を与えます。意次の聡明な頭脳を買ったのです。意次は一揆を起こした農民を厳罰に処し、領主は改易《かいえき》。加えて、関与が噂された幕府高官さえも免職処分にします。意次が手がけたこの裁判は、後世に残る名裁判と言われています。

家重の息子の第一〇代将軍家治《いえはる》は意次を御側用人、現在の内閣官房長官に取り立てます。意次は二万石の相良城（現静岡県牧之原市）主となりますが、国元には一切帰らず、江戸城勤務を続けます。それでも彼の藩経営の手腕は見事でした。助成金で**港の整備や屋根を瓦葺きにする防火対策を推進。その他、街道などのインフラ整備も…。郡上一揆の経験から、安易な増税策を戒めます。結果、領民は喜び、藩が奨励した養蚕や製塩業も盛んになっていくのでした。**

五四歳になった意次は老中に昇格。頂点に上り詰めます。石高は三万石にも…。その頃には彼の人脈は網の目のように張り巡らされ、幕閣《ばっかく》はもちろん大奥にまで及んでいました。杉田玄白が「唯この殿の威光をのみ、四辺の人々恐れけり」と『後見草《のちみぐさ》』に記すほどでした。

驚異的な幕府財政改革

家重、家治の時代、幕府財政の逼迫はすこぶる厳しいものでした。意次は、**吉宗流の倹約令や従来の重農主義では到底、解決できないと考え、多くの官僚の立案を取り入れた商業重視の政策に転換します。**その一つが大阪を中心に独占的な性格を持つ株仲間(同業組合)を結成させ、座や会所による専売制を強化し、そこから税金を取る方法。一七八二年からの一〇年間にこの同業組合の数は一二〇種類余りにも及んだと言われ、莫大な冥加《みょうが》・運上金（税金）が幕府に入るようになります。

ついで通貨政策。当時、東日本の通貨は金中心、一方、西日本は銀中心でしたが、意次は通貨統一に踏み切ります。同時に貿易にも力を入れ、強力な専売制により、乾物（干しアワビ、フカヒレ）などの輸出政策も推し進めます。新たに許認可制もどんどん取り入れました。

こうした意次の政策は幕府財政を立て直したばかりか、社会経済も活性化させ、町人文化の発展にもつながっていきます。しかも、意次は各地の鉱山、蝦夷地などの開発や印旛沼の干拓も商業資本を活用して行うことを計画するのです。

このように重商主義の意次の時代は、家柄や縁故がなくとも出世できましたが、同時に、お金さえあれば…という考えも生みます。朱子学の影響で、「金は汚いもの」だった徳川幕府の倫理綱領は自ずと崩壊し、許認可制など制度的に賄賂を生みやすい土壌と相まって、「田沼時代」と呼ばれ、日本史上、「賄賂第一の腐敗した暗黒時代」と定義されるようになるのです。

しかもです。順風満帆だった意次に暗雲が忍び寄ります。伊豆大島、桜島、続いて浅間山の大噴火。さらに凶作という自然災害や明和の大火事が続き、激しい一揆や江戸の打ちこわしも起こります。そして、政治批判につながっていくのです。また、実力主義者の意次は、蘭学等の平賀源内などの民間人や専門家を重んじます。それゆえ、当然、保守派の反感を買っていました。要は、時代の経済的恩恵に浴さない人々はすべて、「意次、憎し」となるわけです。

その上、意次自身に、直に接触しない者の心中を忖度する姿勢が欠如していました。

そして、何よりもの不運は将軍家治が亡くなったこと。意次は老中職も、五万七〇〇〇石まで上り詰めた領地も、奪われます。一七八八年、意次は七〇歳で亡くなりましたが、それは、栄光の座から落ちて、わずか二年後のことでした。

松平定信による反意次キャンペーン

田沼意次のことを調べれば調べるほど、切れ者としての意次の姿が浮き上がってきます。しかし、欲を言えば、彼の商業重視の政策の立脚点は、徹頭徹尾「幕政にとって…」のみ。日本全国の発展という視点が欠けていました。

それでも、頭脳明晰な田沼意次を悪のイメージの代名詞として日本の歴史に定着させることは、意図的な働きかけなくしては不可能です。**「歴史は勝者の歴史観によってつくられる」。これは歴史に学ぶ時、心せねばならないセオリー**ですが、そのセオリー通り、次期政権の座に就いた老中松平定信は、反意次キャンペーンを強烈に展開します。**現政権批判を徹底的に取り締まると同時に、前政権の批判的情報を大量に流したのです。**

事実、定信が夥《おびただ》しい数の政権構想を著し、その中で常に意次批判を書き続けたのに比べ、**意**

次は政権担当時代、広報活動は何もしていません。情報統制も緩やか。情報戦の重要性を理解していない脇の甘さは否めませんでした。

また、現代社会でも見られますが、大衆の間に名門信仰「ノブレス・オブリージュ（高貴な人物の義務）が身についている」という考え方が根強くありました。要は、「由緒正しい人は人間性も立派であるはず」という考え方です。松平定信は八代将軍吉宗の孫という文句なしの家柄。それに若い。老中就任時、抜群の人気だったと言われています。

そういう流れの中で、田沼意次悪玉説がより定着したのが明治時代。**新政府にとって、意次悪玉説の利用は最高の戦略《ストラテジー》。江戸時代は暗黒の時代と定義し、維新の意義を強調**したのです。

それは昭和でも同じです。天皇中心の皇国史観の登場で、再び江戸時代暗黒説のために、「田沼時代」の負のイメージを増幅させます。さらに終戦後、民主的社会がこれから始まるという意識づけのために、それまでの時代を否定する必要もありました。

そう考えると、私たちが歴史を学ぶ時、いかに自分の視点を持てるか、それがとても大事なことだと改めて感じます。

最後に…。江戸時代では「法治」ではなく、絶対権力者の「人格的影響」による「人治」による行政が推し進められる傾向が強く、つまり、「殿のご意向」が絶対的切り札でした。その傾向、残念ながら現代社会でも引きずっているのではないでしょうか。

Sakuma ● Shozan

佐久間象山《さくましょうざん》

1811年3月22日〜1864年8月12日

近代国家黎明期をリードした「怪人」

志士たちのカリスマ

「日本のレオナルド・ダ・ヴィンチ」と呼ばれた男がいます。幕末に活躍した佐久間象山です。彼は吉田松陰、坂本龍馬たちに大きな影響を与えた天才学者。彼のことを説明する際は、その先駆性やカリスマ性と同時に、あまりにも傲岸不遜《ごうがんふそん》な性格や特異な容貌が語られがちです。

確かに、彼は異常に自尊心の高い男でした。また、一七五センチ、八〇キロの筋骨たくましい日本人離れした体格。顔は色白で面長、額は広く、梟《ふくろう》のような大きな瞳の少し窪んだ三白眼。しかも、正面から見た場合は一見「ない」と勘違いするほど頭の後ろについている耳。実に特徴的な外見でした。

面白い逸話が残っています。ペリーが日米和親条約締結のため二度目に来日した時、横浜で警備の任に当たっていた象山と顔を合わせます。すると、その傲岸な態度に対してか、はたまたその異相に臆してかはわかりませんが、ペリーが丁寧に一礼したのです。アメリカ側も日本側も共に驚いたと言います。

しかし、やはり佐久間象山が現在、名を残すのは、何と言ってもその識見の高さ、幕末の志士たちに影響を与えたカリスマ性からでしょう。**彼は外国の先進技術を学びながら国力を上げた後、列強に仲間入りすることを唱えた、他に類のないスケールの大きい開国論者**でした。

象山は松代藩（現長野市）の藩士の子です。少年時代はいわゆる問題児。それでも抜群に頭脳明晰。三歳で文字を読み始めるや、すぐに儒教の教えを習得します。やがて成長した象山を後に幕府の老中に就任する藩主、真田幸貫《さなだゆきつら》が見出すのです。

その頃、アヘン戦争による清国の惨状を目の当たりにした幕府は、世界的転換期が訪れていることを思い知ります。そこで急遽、若手のホープ、真田幸貫を老中に登用し、海防掛《かいぼうがかり》(防衛大臣)にします。すると、幸貫は即座に象山を補佐役に任命。これを契機に象山は、一躍先進的な知識人として認められていくのでした。

日本のレオナルド・ダ・ヴィンチ

朱子学の佐藤一斎《いっさい》の弟子であり、山田方谷《ほうこく》（68P）と、その一門の二傑とされた象山は知識欲が非常に旺盛で、オランダ語を黒川良安《くろかわまさやす》に学ぶと、わずか二カ月でマスターします。また、彼は伊豆の反射炉で有名な江川英龍《えがわひでたつ》にも学びます。

ただ、彼は英龍の教え方を毛嫌いし、すぐにやめています。当時、当たり前だった、一子相《いっしそう》伝《でん》や免許皆伝等の言葉に代表される、非公開が原則の教え方には我慢ができなかったのです。弟子が免許皆伝を欲すると、せせら笑ったという記録も残っています。そして、常に自ら学ぶ姿勢によって習得した洋式戦術方法を、象山は「海防八策」としてまとめます。幕府の海防策はこれを基にしたものです。国力充実のための「急務十条」も提出しています。

象山の能力は多方面で発揮されます。自国製大砲をオランダ語の原書の図解を基に製作したばかりか、石灰の製造、硝石《しょうせき》の精製、ワインの製造、馬鈴薯の栽培等、応用科学と殖産興業にも貢献しています。日本で初めて電信に成功したのも象山です。「日本のレオナルド・ダ・ヴィンチ」と呼ばれる所以《ゆえん》です。

象山が江戸で華々しい活躍をしている時、事件が起きます。弟子の吉田松陰が密出国を企てたのです。象山も連座したとして逮捕され、その後、何と九年間も蟄居《ちっきょ》を余儀なくされます。しかし、時代の大きなうねりの中ではこの天才が埋もれて終わるはずもありません。一八六四年には一橋慶喜《ひとつばしよしのぶ》に招かれ上洛し、公武合体論と開国論を説いています。この時、島津藩は西郷隆盛を派遣し、象山に島津に仕えるよう説得したという話もあります。

ただ、当時の京都は尊王攘夷派の志士たちの潜伏拠点。開国積極論者にとっては危険な場所でした。象山は一人のところを襲撃され、惨殺されます。享年五四歳でした。

「怪人」と呼ばれた男の限界

彼は教育者としても優秀で、象山書院や五月塾を開き、多くの門人を育てます。坂本龍馬や義兄にあたる勝海舟との関係はよく知られたところですが、それ以外にも、河井継之助《つぐのすけ》や橋本左内が五月塾では学んでいます。松陰の松下村塾は五月塾がモデルとも言われています。

俊英たちの入門動機は、砲術や兵学など、実学が学べること。そんな彼らを最も驚かせたのは象山のものの見方、考え方、それ自体でした。**象山の言葉を使えば、「東洋の道徳、西洋の芸術」（和魂洋才）を大事にした学問、政治への実践方法等、思想面で大きな影響を受けるのです。**

実践を大事にした象山には、学問的著作というものはあまりありません。彼の学問や思想は、著書『省諐録《せいけんろく》』や、幕府や藩当局への提案書から読み取れるだけです。

ただ、象山の考えは、正確に的を射ていたにもかかわらず、もっと言えば、的を射ているが故に一考もされないものもありました。例えば、幕府の大船建造《たいせんけんぞう》禁止令を愚策と考えた象山は、代わりに火器の製造、軍艦の建造等、海軍の充実を急務と提案します。しかも、建造が無理ならオランダから購入する。そのための膨大な費用は日光参拝を中止して充てるべき、としたのです。当然、この提案は却下されますが、やがて時代が彼の提案に追いつくことになります。

これほど幕藩体制に批判的な象山でしたが、彼を認め、折々に援《たす》けたのは、実は体制の幹部である徳川慶喜《よしのぶ》や阿部《あべ》正弘《まさひろ》（53P）たちでした。不思議なことです。裏返せば、**一見、困難な**

状況にあっても、有効な提案をし続ければ、時代も周囲も手を差し伸べるということでしょう。

では、時代が求めるものを見つけるにはどうしたらよいのでしょうか。

象山が駆け抜けたのは幕末という激動の時代。ただ、**激動は微動の集積**です。微動を見逃さず、方向性の鍵とできるかが、時代の要請に応えられるか否かの分岐点なのでしょう。

さらに言えば、**自分の「今」を正確に知ることも大事です。象山がスタート地点としていたのは、「彼我《ひが》の差」をきちんと捉えること**でした。日本の現状と西欧との力の差、言い換えれば、目指すべき地点との差を知るからこそ、そこに至る方策も次々と提案できたと思うのです。

象山は一度も海外留学の経験がありません。それでも、「怪人」と呼ばれるほどの時代を読む目を持ち、その時代の要請に応える術《すべ》を知っていました。その持てる力は十分には発揮できなかったことはかえすがえすも残念です。原因は、人を人とも思わない、彼の傲岸な人間性に依るところが大きいと指摘されています。

つまり、彼は志士たちのカリスマであり、幕末、誰よりも幅広い才能を有しながら、**チームで事に当たる組織をつくることはできなかった**のです。リーダーはイノベーター（改革者）であり、ティーチャー（教育者）であり、そしてオルガナイザー（組織者）であることが必須の条件ですが、象山にはオルガナイザーとしての能力が欠けていたのかもしれません。でも、その**限界があった点に、なぜか「怪人」象山の魅力がある**ように思うのは私だけでしょうか。

Abe ● Masahiro

阿《あ》部《べ》正《まさ》弘《ひろ》

1819年12月3日〜1857年8月6日

開国後のグランドデザインを描いた老中首座

開国・富国・強兵へ

江戸時代末期、幕府内にも将来の国のグランドデザインをしっかりと描いた政治家がいました。阿部正弘です。

驚くことに、**明治維新後の開国・富国・強兵路線は明治政府が描いたものではありません。**幕末の老中首座、現在で言えば内閣総理大臣であった阿部正弘の考えであり、西郷隆盛や岩倉具視、伊藤博文たちは全然わかっていませんでした。わかっていたのは大久保利通ぐらいでしょう。阿部が開国・富国・強兵を考えていた時、薩長は単純に「尊王攘夷」を唱え、「外国人が上陸したらブチ殺せ」などと不条理なことを平気で口にしていたのです。近代日本の基本となった「五箇条の御誓文」の原案も、熊本藩の横《よこ》井《い》小楠《しょうなん》によるものでした。

極端なことを言えば、明治維新のグランドデザインの過半数は幕府時代に描かれ、明治政府はパクッただけという説さえあります。しかも、阿部は二度にわたって海外派遣を提唱。それは、後に西周《にしあまね》、榎本武揚《えのもとたけあき》（58P）などのオランダ留学や、勝海舟の咸臨《かんりん》丸《まる》での成功で結実していきます。

それほど先見の明があるにもかかわらず、阿部は長い間、優柔不断、八方美人などと低い評価でした。やっと近年、当時の時代背景を重ね合わせ、**一八五四年の日米和親条約の締結、身分にとらわれない大胆な人材登用、品川沖に台場を築き、大船建造《たいせんけんぞう》の禁を解くなどの一連の政治は「安政維新」と呼ばれ、評価が高まっているの**です。

優れた情報収集と活用能力

阿部正弘は、江戸幕末期の第七代備後福山藩（現広島県）主。一八一九年生まれ。わずか二二歳で寺社奉行に、続いて二五歳で本丸老中（内閣国務大臣）と、普通は二〇年かけて上る出世の階段を一気に駆け上がります。頭脳明晰、若くて人当たりがよく、清廉潔白。その上、何と言ってもイケメン。政治に力があった大奥で人気抜群だったことも影響したようです。江戸市中でも、彼の老中就任は町内神輿《みこし》や提灯《ちょうちん》行列が繰り出されるほど、大歓迎されています。

阿部は二七歳で、悪評高かった水野忠邦に代わり、老中首座（内閣総理大臣）に就任し、第一二代家慶、第一三代家定両将軍時代の幕政を統括することになります。老中合議制により選出された、**この若い首座は「鎖国は祖法」という強固な観念を破壊します。ガラパゴス状態になっていた徳川幕府の基本政策を、組織内部から破壊する困難さは想像に難くありません。**

ペリー来航に関しても、阿部はオランダから、「一年後にアメリカ連合艦隊が来る」という書簡を受け取っていました。彼は提督や軍艦の名、アメリカ軍艦がいまだ蒸気外輪船で実戦の経験もないこと、しばらくすれば大統領が代わり、外国との戦争回避策を取るだろうという情報までも得ていました。そこからは、幕府の混乱ぶりを風刺した狂歌、「泰平の眠りを覚ます上喜撰（蒸気船）たった四盃で夜も寝られず」とは異なる姿が浮き彫りになってきます。

しかも、阿部はペリー来航前に最新型のプロペラ・スクリュー船の発注もしています。これが後の咸臨丸です。ペリー艦隊が長期間、江戸湾を塞いだ時の対策としては、最新鋭のオランダ艦隊の力を借りる内約も取りつけていました。ペリーが初回はわずか一週間で引き上げたのは、このことを知っていたからとも言われます。さらに結果的には、薩摩藩から琉球の施政権を奪って植民地にするというアメリカの野望を阻止し、石炭庫の建設だけにとどめています。

ただ、広く意見も聞く阿部の下には、ペリー来航後には七〇〇通以上の意見書が集まり、かえって混乱したという批判もあります。それでも、**彼の情報収集力は際立っていて、外国語新聞を訳させて読むのは無論のこと、常に外国商社と交流を持ち、国際情報を集めていました。**阿部が考える富国強兵は、彼自身が海外から購入した、アダム・スミスの『国富論』の理論によります。この『国富論』を岩瀬《いわせ》忠震《ただなり》に訳させ、国策の柱としたのです。

阿部は、アヘン戦争での清国の敗因も分析していました。兵力四〇〇〇人（後に増強され一九〇〇〇人）のイギリスに、一〇倍の兵力とも言われる清国が壊滅的敗北を喫したのは、最新鋭の武器を所持していなかったため。何より兵力に統率がなかったためで、その状況は当時の幕藩体制も似たようなもの。つまり、彼は戦争になった場合の結末を理解していたのです。

また、彼は海軍、陸軍の養成所、さらには東京大学の前身となる洋学所、医学所などを矢継ぎ早に創設しています。彼が結んだ日露和親条約では、択捉《えとろふ》島、国後《くなしり》島を日本の領土と認める、ニコライ一世の批准書まで取っています。これは現在の日本の主張の根拠ともなるものです。

阿部以来、日本の宰相（総理大臣）の地位に就いた人は一〇〇人近くでしょうが、**二七歳でその座に上った彼の政治経営力に比肩する人物は見当たりません。**

鎖国体制を壊す英断

阿部は川路聖謨《かわじとしあきら》、永井尚志《ながいなおゆき》ら少壮有為な人物を抜擢し、重要な職務に就かせます。勝海舟、大久保忠寛《おおくぼただひろ》、高島秋帆《たかしましゅうはん》、江川英龍《えがわひでたつ》など、開明派も登用。植民地となることを防ぐ、「安政の五カ国条約」を絶妙な外交手段で決めたのも、阿部が選任した永井ら五人の外国奉行でした。また、あのジョン万次郎（129P）を抜擢し、ペリー来航時の一等通訳としたのも、さらには密入国した冒険家、ラナルド・マクドナルドを日本初のネイティブな英語教師として雇ったのも阿部です。松平春嶽《まつだいらしゅんがく》、島津斉彬《しまづなりあきら》などの大名との連携や、「遠山の金さん」のモデル、遠山景元《とおやまかげもと》も起用します。どういう人材を時代が求めているか、出自にとらわれずに考えられたのでしょう。

とりわけ「人材登用の阿部」のすごさは、攘夷派の大看板であった、水戸の徳川斉昭《なりあき》を相談役としたこと。斉昭は「ペリー砲弾外交に屈した阿部正弘は臆病者」など言いたい放題、やりたい放題の、いわゆるトラブルメーカー。ただ、人気は抜群でした。

そんな獅子身中の虫ともなりかねない斉昭を阿部は、取り込もうとしたのです。まさに荒業。経営学者、P・F・ドラッカーは『経営者の条件』で「意志決定において意見の不一致こそが問題への理解を促す」と述べていますが、その理論をすでに実践していたのかもしれません。

同じ改革派でも、後の大老、井伊直弼《いいなおすけ》は「安政の大獄」に代表される、苛烈な強硬策を取ります。結果、国内は大混乱。自らも水戸浪士による「桜田門外の変」で命を落とすのです。

そう考えると、阿部の協調路線は幕政を円滑に運営する有効な方策であり、混乱回避を優先した姿勢は、評価されるべきです。司馬遼太郎は『最後の将軍』の中で、彼の聡明さを認め、「幕府政治家の中では出色の人物」と書いています。事実、外部以上に難しい、**体制内部からの、しかも一〇〇年先を見通した、身分構造まで踏み込んだ改革を行い、二六〇年も続いた鎖国体制を壊す英断をした阿部正弘は名宰相であり、明治維新の最大の功労者**と言えます。

体調を崩した彼が亡くなったのは、老中首座の座を堀田正睦《ほったまさよし》に譲って二年後。享年、三七歳。あまりに若すぎる死でした。

Enomoto ● Takeaki

榎《えの》本《もと》武《たけ》揚《あき》

1836年10月5日～1908年10月26日

近代日本の万能人

蝦夷共和国総裁に選ばれるも…

「日本の南北戦争」とも言われた戊辰戦争。その最終戦であった箱館戦争（五稜郭の戦い）で旧幕府軍の総司令官だったのが榎本武揚です。榎本武揚は一八三六年、江戸下谷、現在の台東区御徒町に生まれました。父親は伊能忠敬《いのうただたか》の弟子で九州地図作成に関わった人物。榎本自身も一五歳で幕府直轄の昌平坂学問所に通い、ジョン万次郎の私塾でも学んでいます。その後、長崎海軍伝習所に入所。そして、江戸に新設された築地海軍操練所の教官に任じられます。

実はこの頃、幕府はアメリカに榎本ら数人を初めて海外留学をさせる予定でした。しかし、南北戦争が激化。そこで幕府は榎本他九名をオランダに留学させたのです。この留学で榎本が出会ったのが、国際法を記した、フランスの国際学者オルトランの『万《ばん》国海律全書《こくかいりつぜんしょ》』でした。ただ、五年後、この『万国海律全書』を片手に、世界最新鋭の軍艦、開陽丸で帰国した榎本を待っていたのは、第二次長州征伐に完敗し、瀕死の状態の幕府でした。

一八六七年一〇月、大政奉還。戊辰戦争に突入します。鳥羽伏見の戦いでは、榎本は開陽丸を旗艦とする艦隊を率い、大坂湾内で薩長側の軍艦を自沈させます。ところが、慶喜は江戸に逃げ帰ってしまい、榎本は残されていた負傷兵と共に引き上げざるを得なくなります。

江戸に戻った榎本は、海軍副総裁を任命されますが、江戸城の無血開城が不服だった彼は、開陽丸を含む軍艦四隻、運送船四隻で品川沖から脱走します。途中、房総沖で二隻が座礁したものの、仙台に寄港した際には奥羽越列藩同盟《おううえつれっぱんどうめい》の瓦解を受け、桑名藩主の松平定敬《まつだいらさだたか》、旧幕府陸軍総裁の大鳥圭介《おおとりけいすけ》、新選組の土方歳三《ひじかたとしぞう》などが合流し、幕府が仙台藩に貸与していた三艦も加わり、合計九隻、約三〇〇〇名の大部隊になります。

一八六八年一〇月二〇日、蝦夷地上陸。五稜郭の新政府軍を追い払い、松前、江差も占領。**蝦夷共和国を樹立します。しかも、士官以上の選挙という画期的な方法で榎本は総裁に選ばれます。さらに彼は国際法を駆使し、イギリス、アメリカ、フランスなどに、新政府、旧幕府の間での中立を表明させせます。**ところが、開陽丸が嵐のために沈没すると、諸外国は旧幕府軍に見切りをつけ、新政府支持を表明。一八六九年五月一八日、新政府軍の激しい攻撃を前に榎本たちは降伏し、蝦夷共和国はわずか六カ月のみ存在した幻の政権で終わったのでした。

投降前、榎本は『万国海律全書』が灰燼《かいじん》に帰すことを怖れ、新政府軍の大将、黒田清隆《くろだきよたか》に「今後の日本に必要な書だから…」と送り、その後で自刃しようとします。その瞬間、側近が短刀を素手でつかみ、阻止。側近の指三本が落ちるのを目にし、榎本は思いとどまるのです。黒田は榎本の才を惜しみ、髪を剃り、「この坊主頭に免じて」と助命を嘆願。長州藩や土佐藩は大反対しますが、西郷隆盛の「活かして使う」の一言で決着したと言われています。

万能人として活躍

三年近く獄につながれた後、釈放された榎本を黒田は毎日のように訪ね、北海道開拓の協力を懇願します。榎本は悩みながらもこの申し出を受け、県知事待遇の立場で北海道に渡ります。榎本は、資源となる空知《そらち》炭田《たんでん》を発見すると、その運搬のため鉄道も敷設しました。また、小樽港の整備もしました。軍艦を嵐で失った経験から、日本初の気象台の設置もしています。

榎本は外交官としても大活躍します。駐露特命全権公使に任命された際は、サンクトペテルブルグに赴き、一年間にわたり粘り強く交渉を重ね、樺太・千島交換条約を締結させます。この条約により、樺太全島はロシアに、千島列島は日本が領有することになります。オホーツク海およびカムチャッカ周辺の日本の漁業権も認めさせました。

日清関係では、駐清公使として、伊藤博文と清の李鴻章《りこうしょう》の会談を補佐し、天津条約（日清両国が朝鮮から完全に撤兵する）締結の陰の立役者となります。

また、一八八五年に内閣制度が始まると、数多くの大臣を務めます。初代の伊藤博文内閣の逓信大臣から始まり、農商務大臣、文部大臣、外務大臣としても活躍します。第二次伊藤内閣の農商務大臣の時は、八幡製鉄所を官営として建設しています。**榎本は「鉄は国家なり」と考えていた**のです。

意外な業績もあります。ビールを最初に日本に持ち込んだのも彼です。また、東京農業大学の前身、育英黌《こう》農業科を創設しています。彼は**日本が国際社会で競争するには、安定した農業生産力とリーダー育成が必須と考えていた**のです。晩年にはメキシコへの植民を進めるなど、まさにマルチな活躍を続けます。

薩長歴史観による低評価

近代化に大きく貢献した榎本ですが、その評価は低いのです。なぜでしょうか？

明治維新はこれまで、薩長土肥による革命とも言われてきました。それゆえ、**革命に成功した側の歴史観が語られ、敗軍の将であった榎本を称賛する表現は意図的に控えられた**のかもしれません。実際、明治時代の総理はほとんどが薩長出身者。特に、第一次伊藤内閣の閣僚は、薩摩藩四人、長州藩四人、土佐藩一人、それに榎本の一〇人。裏返せば、**強大な薩長勢力の明治政府の中でさえも、いかに榎本の能力が抜きん出ていたか**ということにほかなりません。

また、福沢諭吉の影響もあります。福沢は榎本の助命に尽力もしていたのですが、後年、『瘦せ我慢の説』と呼ばれる、勝海舟や榎本に宛てた意見書でこんな批判を展開します。「国を守るための精神の根本は痩せ我慢であって、武士道はこの気風をもつもの。（中略）榎本は放免されてからは数多くの大臣を歴任している。箱館で最後まで信じて死んだ同志は慚愧《ざんぎ》に耐えないだろう」と…。要は、「二君に仕えるな」というわけです。ただ、榎本からすれば、幕臣として死を賭《と》して戦ったことのない福沢の非難など、片腹痛いものだったでしょう。

とはいえ、榎本の異例とも言える立身出世を、機を見るに敏《びん》だから、と見る人がいるのも事実です。しかし、私はあの時代、彼は誰よりも世界情勢を知り、その知識を基に常に進化していっただけだったと思っています。例えば、彼は留学して間もなく、デンマークとプロイセンの戦いを観戦武官として見学し、兵站《へいたん》の重要性を知ります。プロイセンの武器商人の工場を視察し、死の商人の存在の意味を深く考えてもいます。何より、蝦夷共和国の総裁を選挙で選んだのも、民主主義の世界の流れを実感していた証だったのでしょう。

蛇足でしょうが、『万国海律全書』の訳を黒田が福沢諭吉に頼んだことがありました。福沢曰く、「榎本以外には訳せない」。つまり、榎本には抜きん出た語学力がありました。が、単にそれだけでなく、それを活かせる、真の国際性を基盤とした学力があったのです。

そんな学力と時代を見つめる目によって、一九〇八年に七二歳で没するまで、榎本は「近代日本の万能人」という呼び名にふさわしい生き方を貫いたのでした。

Eto ● Shinpei

江藤新平《えとうしんぺい》

1834年3月18日～1874年4月13日

明治政府の基礎をつくった法律家

明治政府の傑物

江藤新平と言えば、佐賀の乱。明治の初めに勃発した士族の反乱の一つです。しかし、彼の実像は意外と知られていません。江藤が明治政府で活躍したのは、一八六九年からのわずか四年間。その期間に、彼は初代司法卿として司法制度の確立、警察制度の整備、三権分立、二院制、国民皆教育などの学制、普通選挙、廃藩置県、戸籍の整備、地租改正などを推し進めます。明治政府が推し進めた施策はすべて江藤の頭から生まれたものなのです。まさに、人智を越えた傑物です。

そんな彼が最期は梟首《きょうしゅ》、つまり、晒《さら》し首《くび》に処せられます。福沢諭吉は「大久保利通によるリンチ」と非難しますが、**「明治政府の頭脳」とも「明治政府にとって代役が利かない男」とも称される彼が、なぜ、ジェットコースターのような人生を送ることになったのでしょうか。**

江藤新平は一八三四年生まれ。父親は佐賀藩の最下級藩士です。貧しさのため、藩校、弘道館への入学も一六歳になってから。それでも、入学後は副島種臣《そえじまたねおみ》、大木喬任《おおきたかとう》、大隈重信《おおくましげのぶ》（241Ｐ）などと切磋琢磨していきます。

また、江藤は「佐賀の吉田松陰」とも呼ばれる、国学者、枝吉神陽《えだよししんよう》の薫陶《くんとう》を受ける一方、藩命で蘭学校でも学んでいます。当時、佐賀藩は藩主、鍋島直正《なべしまなおまさ》（閑叟《かんそう》）（216Ｐ）の先覚的見識により、膨大な洋書を有していましたが、読書家の江藤はそれらを貪るように読み漁り、広い学問的素養を下地にして、世界に対する目を開いていったとも言われています。

彼は脱藩もしています。佐賀藩は「二重鎖国」と言われるほど、他国との交流が禁じられていました。ところが、江藤は単に情報を集めたいという思いだけで脱藩。しかも、費用の工面は大木任せの上に、木戸孝允《きどたかよし》らとの交流が叶うと、わずか三カ月後には帰藩します。当然、死罪のところでしたが、寛容な閑叟の「異日、有用な器」の一言で救われたのです。

江藤が明治政府で働くようになったのは、大木と連名で提出した東京奠都《とうきょうてんと》（遷都《せんと》）の建白書が認められたからですが、閑叟の希望で藩に戻り、藩政改革に着手することに…。ただ、半年後には再び、明治政府の求めに応じ、国家機構整備のために辣腕《らつわん》を振るい始めるのでした。

「民のために」を政治理念として

江藤には面白いエピソードがあります。戊辰戦争の時点ですでに板垣退助に廃藩置県の考えを述べているのです。ところが、土佐藩士の意識の高い板垣にさえ到底、理解できず、「殴ってやろうかと思った」と語っています。江藤はまさに時代よりも先を走る男でした。

彼の先進性がよくわかるのが、二三歳で著した意見書「図海策《とかいさく》」と司法卿就任に書いた「司法省誓約」。**「図海策」では、攘夷が叫ばれる中、開国通商して富国強兵を図ることを提案し、「司法省誓約」では「人民の権利を守ることこそ、最大の職務」と断言**しています。そして、この「民のために」という考えが、司法省達第四六号という画期的な法律を生むのです。

第四六号とは、一般庶民でも行政を訴えられるというもの。「お上《かみ》」は絶対だった江戸時代と決別した法律でもあります。実際、大蔵省トップの井上馨《いのうえかおる》が尾去沢《おさりざわ》銅山事件で辞職にまで追い込まれたのもこの法律ができたからです。**江藤にとっては、民はすべて法の下では平等であり、それは明白な正義でした。だからこそ、何のためらいも、忖度も、権謀術数も不要なものでした。裏返せば、その点に彼の甘さや失敗があったと言えるでしょう。**

江藤は征韓論で敗れ、明治六年の政変（一八七三年）で下野します。この時、西郷隆盛、後藤象二郎、板垣退助、副島、江藤ばかりか、軍人や役人など、何と約六〇〇〇人も辞職しています。大久保利通が反対勢力の一掃を図ったと言われている所以です。

下野した江藤は板垣、後藤、木戸、副島らの制止を振り切って佐賀に帰ります。門下生の暴動を抑えるという思いからでしたが、結果的には征韓党の党首に担ぎ上げられます。ただ、それも策士、大久保の想定内。何と江藤が佐賀に入る前に鎮圧軍を差し向け、自らも佐賀に乗り込みます。結局、佐賀の乱はわずか一週間で鎮圧されます。江藤は征韓党解散を宣言、助力を頼みに鹿児島に向かいますが、西郷に断られ、高知に。そして、そこで捕縛されます。皮肉なことに、江藤が考えた指名手配写真による最初の逮捕者が彼自身でした。

佐賀に送られた江藤は、自身が整備した司法制度無視の、最初に結論ありきの二日間の審理を受けただけで、廃止されていたはずの梟首の刑に…。しかも、即日処刑。後に、江藤の晒し首の写真が出回りますが、大久保が配ったという説が流布するほど、大久保は江藤を嫌い、完全抹殺を急ぎます。政府内から助命運動が起きるのを怖れたのです。

男子はすべからく巌頭に悍馬を立てるべき

勝海舟は江藤を「才物」と認めながらも、「ピリピリしておって実に危ない」と見ています。その感慨こそ、大久保が江藤に抱いていたものでもありました。現実主義者の大久保は江藤の体制設計能力を誰よりも認めながらも、江藤のあまりに急進的な改革は明治政府に危険をもたらす、排除すべき一種の爆弾だと確信していたのです。

「礼儀を一切無視して、どれだけ他人が迷惑しようと一切かまわず…」「一旦自分が言い出したことは、（中略）時期の到来を待つとか、他人の意見を容《い》れようなどということはまったくなかった」（『実験論語処世談』）。これはあの渋沢栄一（119P）の江藤評の一節です。渋沢は江藤が理論家であることさえ酷評し、無残な最期も必然だったとも述べていますが、もし、江藤の性格が異なっていたら、その人生は変わったのでしょうか。

司馬遼太郎は『歳月』の中で大木喬任にこう語らせています。「江藤の目は何でも見えるのだ。行ったこともないヨーロッパさえ見えるのだ。しかし、あの目は奇妙で、自分という者がなにものであるかということだけがよく見えない」。さすが司馬です。ただ、私自身は、江藤には自分の性《さが》についての自覚はあった、と感じるのです。

「郭公《ほととぎす》声待ちかねて終《つ》いにまた月をも恨む人心《ひとごころ》かな」という彼の和歌があります。郭公《ほととぎす》の声を待ちきれない自分を戒めたものです。その前文には、「中《なか》を執《と》る」ことの大切さも書かれています。江藤は自分を知っていた。でも、それ以上に、恐れずに「巌頭《がんとう》（岩の先端）に悍馬《かんば》（荒っぽい性質の馬）を立てるべき」という信念が強かったのではないでしょうか。

第一、**江藤が巌頭に立って目指し、守ろうとしたのは、あくまでも「民のため」「国のため」という理念。**高く評価されるべきです。そして、だからこそ、**改めて理想を実現するための、能弁だけではない、真のコミュニケーション能力の必要性を感じずにはいられません。**

わずか四〇年を駆け抜けたジェットコースターのような江藤の人生。叶うならば、彼が梟首を言い渡された際に叫ぼうとして遮られてしまった、「裁判長、私は…」の後、何を伝えようとしたのか、知りたい、そう思います。

Y a m a d a ● H o k o k u

山田《やま だ》方谷《ほう こく》

1805年3月21日～1877年6月26日

ケインズに100年先駆けた日本人

奇跡の財政改革

戦後の政治家・財界人の精神的指導者であったと言われる人物に、陽明学者の安岡正篤《やすおかまさひろ》がいます。その安岡が尊敬してやまなかったのが山田方谷。安岡は、「古代の聖賢は別にして、近世の偉人と言えば、私はまず山田方谷を想起する。この人のことを知れば知るほど、文字通り心酔を覚える」とまで語っています。

山田方谷は幕末期に事実上は財政破綻していた譜代の備中松山藩（現岡山県）五万石を立て直した藩政改革者であり、陽明学者であり、また名財政家であり、卓越した政治家でした。さらには哲学者、思想家、教育者…。その名には数多くの冠がつけられるマルチな英傑です。

一般的に藩の借金返済と言えば、すぐに思い浮かぶのが米沢藩の上杉鷹山《うえすぎようざん》（196P）でしょう。ただし、米沢藩が二〇万両、現在でいえば、二〇億円以上とも言われる借金を返済できたのは何と約一〇〇年後。一方、**方谷は一八四九年に着手してから実質七年間で、一〇万両を返済し、余剰金一〇万両をつくります。経済の**

専門家でもないのに…です。

方谷のバックボーンとなったのが陽明学。陽明学とは明の時代の王陽明《おうようめい》が唱えた「知行合一《ちこうごういつ》」、要は知識と行動は一致すべきという、主体的実践を重視した儒学の一派です。「大塩平八郎の乱」で有名な大塩平八郎も陽明学者でしたが、方谷には大塩とは比較にならない現実認識力と戦略がありました。だからこそ、「奇跡」と呼ばれる財政改革が成し遂げられたのです。

ニューディール政策と同じ手法

山田方谷は行燈《あんどん》の菜種油を製造販売し、一方で農業を営む家に一八〇五年に生まれました。苦難の幼少期を過ごす方谷でしたが、その才により、藩の学問所で学べる機会が与えられます。学問に勤《いそ》しんだ彼は二三歳で京都に遊学。二年後、藩より苗字帯刀が許され、藩校・有終館の会頭（教頭）を命じられ、ここでようやく正式に武士になったのです。

二九歳の時には江戸に留学し、佐藤一斎の塾（佐門）で陽明学を学びます。その時の同門だったのが佐久間象山（48P）。方谷は象山とは激論も戦わせる仲で、「佐門の二傑」と呼ばれるほど優秀でした。そして、三二歳で備中松山に戻ると、藩校の学頭（校長）となるのでした。

教育者として生きていた方谷の生活が一変したのは四五歳の時。後には幕府の老中首座にもなる板倉勝静《いたくらかつきよ》が藩主になり、方谷を藩財政の全権を担う、元締役及び吟味役に抜擢したからです。青天の霹靂の人事ながら、方谷は非常に革新的・総合的に改革を行います。鷹山の改革は倹約と殖産の組み合わせ止まり。松平定信の寛政の改革や水野忠邦の天保の改革は倹約奨励と新田開発が中心。もちろん、方谷も第一歩は倹約でしたが、違いは、特に定信や忠邦が行った方法ではデフレ経済のスパイラルに陥り、結局は景気後退を促すことを認識していたことです。

方谷は鉄・銅山を開発、備中鍬《びっちゅうくわ》などの鉄製品や銅製品、たばこなどをブランド化し、商品価値を高め、それらを海路を利用して大坂や江戸で販売します。もちろん、工場建設などの設備投資は惜しみません。生産・製造、販売を横断的にスムーズに行うために、新部署の撫育方《ぶいくかた》も設置します。さらには道路の拡張工事、河川の浚渫《しゅんせつ》工事などの公共事業も実施します。

驚くことに、**ルーズベルト大統領が世界恐慌打開のために行ったニューディール政策と同じ手法をすでに取り入れていたのです。そればかりか、年貢の減免措置なども打ち出します。**

しかも、往々に財政改革で陥りがちな、文武（軍事と教育）を二の次にすることもありませんでした。階級を超えた教育振興による人材育成、軍制改革についても明確なビジョンを持ち、真の富国強兵を目指していました。近代国家における重要ポイントをほとんど網羅していたのです。方谷がイギリスの経済学者ケインズに「一〇〇年先駆けた」と言われる所以です。

方谷の凄みはコロンブスの卵的な発想ができる点です。彼はきちんと調査した結果、雪だるま式に膨れ続ける負債を返却するには、従前の米本位《こめほんい》から金本位《きんほんい》に変えるしかなく、流通革命が必須だという考えに至ります。そして、大坂の蔵屋敷を廃止。収穫した米を領内で保管して、有利な米相場の時に売り、負債は現金で払う方式に変えます。方谷は常に領民に対し、まさに撫育（常に気を配り、大切に育てること）を心がけていましたが、領内に米を保管したことで、飢饉の時には配給もでき、餓死者もいなくなり、百姓一揆も影を潜めたのでした。

しかも、方谷はあの時代にあって、すでに広報の効力を活用していました。一例が藩札の焼却というパフォーマンス。濫発や偽札で信用が完全に失墜していた松山藩の藩札の信用回復には、藩札へのテコ入れ程度の次元ではなく、新藩札をつくることこそが必要ではないか、と彼は考えたのです。そして、藩札刷の戦略としたのが公衆の面前での旧藩札焼却でした。当日は領内ばかりか他領からも大勢の野次馬が集まり、その宣伝効果は絶大でした。**方谷の戦略には常に人間性への深い洞察の裏付けがあったのです。**

誠を尽くす

方谷の思想を語る時、彼が座右の銘としていた、「至誠惻怛《しせいそくだつ》」という言葉がよく使われます。「誠を尽くし、慈しみを持って生きる」という意味です。事実、方谷の生き方にはその姿勢が一貫しています。例えば、勝静が寺社奉行になるには賄賂が必要だと言われるのですが、家老だった方谷はきっぱりと拒絶。「賄賂がなければ出世できないのなら、それはそれまでの話だ」

と勝静にも言い切っています。当時、方谷の働きで実質三〇万石とも言われた松山藩です。いくらでも出せましたが、方谷はそんな出世には至誠のかけらも見出せなかったのでしょう。

とはいえ、彼の改革を俯瞰してみると、浮かび上がってくるのは、きれいごとの理想主義ではありません。**あくまでも合理的な思考に導かれた、徹底したリアリズムと実践力です。**

方谷は長州の高杉晋作の奇兵隊の先駆けとなる、農民主体の軍隊・里正隊《りせいたい》も組織していますが、その特徴は、指揮官の命令に従って一斉に攻撃するだけでなく、散兵戦術ができる点にあります。しかし、バラバラで戦うには、兵は一人一人で作戦を考えなくてはなりません。判断力が必要です。つまり、方谷が一定の教育水準の必要性を痛感し、結果、武士のみならず、全領民の教育に力を注ぐのは、方谷にとっては理にかなった改革だったのです。

現在、多くの政財界人が「尊敬する人は？」の問いに山田方谷の名前を挙げます。新たな価値の創造さえもが求められる現代社会だからこそ、方谷の戦略的テクニックのみならず、彼の人となりそのものに学ぶ必要もあるということかもしれません。

明治になり、岩倉具視や大久保利通がまさに三顧の礼をもって新政府に迎え入れようとしますが、方谷は固辞。それが叶っていたら、渋沢栄一に匹敵する活躍をしたと言われているほどですが、彼は誰にでも門戸を開いた私塾や閑谷《しずたに》学校での人材育成に専念します。「至誠惻怛」を貫き、「備中聖人」とも称された彼が亡くなったのは一八七七年、七三歳の時でした。

Stories of II the Greats

危機と難局を乗り越える！ ただひたすら信念に生きる

冷酷な批判あるいは命の危険にさらされながらも苦渋の決断と実際の行動を起こすことができたのはなぜでしょうか？　ひとりの人間の中から湧き出たエネルギーの源を探り、その行動が社会にもたらしたものを明らかにします。

Nakasone ● Yasuhiro

中《なか》曽《そ》根《ね》康《やす》弘《ひろ》

1918年5月27日～2019年11月29日

偉大なる「風見鶏《かざみどり》」

天の川わが故郷に流れたり

初代伊藤博文から二〇二三年現在の岸田文雄まで六四名の、戦後には三五名の総理大臣がいますが、その中で世界に知られた日本の首相は数人でしょう。その一人に中曽根康弘がいます。

中曽根は日米関係、日韓関係などの改善もさることながら、国内にあってはＪＲ、ＮＴＴ、ＪＴの民営化などの行政改革の断行で知られる政治家です。ただ、その業績以上に私の記憶に残るのは、一九八五年、創立四〇周年を記念する国連総会での演説です。俳人でもあった彼は、自作の「天の川…」の俳句を織り込みながら、こう訴えます。**「政治の目的は文化に奉仕すること」**「(日本人の)**基本的哲学は人間は宇宙の大自然の恩恵によって生まれたという考え方**」だと…。

私はその演説を聞いた時、非常な感銘を受けました。「知ることは感じることの半分も重要ではない」というレイチェル・カーソン（104Ｐ）の言葉もありますが、中曽根は、自然との共生の中でこそ芸術文化が育まれる、そのためにも、感じる経験、感じる心を大切にした教育が必要だという哲学を持っていると感じたからです。実際、中曽根自身、教育改革を自らの大きな政治課題にしていくのでした。

したたかと言われて久し栗をむく

機を見るに敏であった中曽根は、しばしば「風見鶏」とも皮肉られます。が、実は軸足はズレない信念の人でした。彼のリーダーとしての突出した能力、ある意味、彼が自身の句にも書く「したたかさ」を感じるのがその人材活用。代表が後藤田正晴《ごとうだまさはる》(79P)です。「田中曽根内閣」「角影内閣」と揶揄《やゆ》された中曽根内閣で、**一般的には腹心を置く官房長官に、憲法解釈など、意見も政策も異なる後藤田をあえて中曽根は抜擢したのです。**これは田中角栄さえも驚く人事でしたが、中曽根の目に狂いはなく、後藤田は見事な危機管理能力を発揮します。

ちなみに、かつて『週刊朝日』が実施した政治アナリストが選ぶ歴代官房長官ランキングの上位は次の三人。一位　後藤田正晴（中曽根内閣）九二・五点。二位　梶山静六（橋本内閣）七七・五点。三位　野中広務(小渕内閣)七七・〇点。いかに後藤田がぶっちぎりの名官房長官だったか、この点数からもわかります。

外交でも、中曽根はしたたかさを発揮します。最悪だった日韓関係の中では、伊藤忠相談役、瀬島龍三に根回しを頼み、四〇億ドルの経済協力の合意を得て、友好関係を構築。彼自身、訪韓前に韓国語を習い、見事な韓国語のスピーチを披露したり、当時、最も人気が高かった流行歌、『黄色いシャツを着た男』を韓国語で歌ったりするパフォーマンスも忘れません。

また、アメリカでの日米首脳会談では「日本は不沈空母」と言い切ります。この発言は日本では大不評ながら、米ソ対立が激化する中、前内閣の不用意な「日米同盟に軍事的側面はない」発言で失ったアメリカの信頼を一気に回復させます。しかも彼は、レーガン大統領との間に「ロン」「ヤス」と呼び合う親密な関係を築くことにも成功します。当然ながら、以前から親交のあるキッシンジャーなどから事前に助言を得ていましたが…。

サミットでも堂々と発言します。八〇年代、サッチャー（84P）、レーガン、中曽根の保守系がサミットの主導権を握っていたと言われるほど。ただ、日本で話題になったのは、その発言内容よりも中央のレーガンの横に割り込んだ記念写真でした。彼曰く、「国連分担金をアメリカに次いで出しているのだから、中央でなければ国民に申し訳ない」。そのように国際政治の場でも臆することのない中曽根は、旧ソ連のゴルバチョフ大統領とも親交があり、「傑出した政治家」と認められてもいました。

中曽根は一九一八年群馬県高崎で、六人兄弟の次男として生まれます。旧制高崎中学、旧制静岡高校を経て、東京帝国大学法学部に入学。大変な読書家で、中高時代は、小説、後の趣味となる俳句から歴史、哲学に至るまで、ジャンルを問わず読み漁ります。彼の政策に歴史観や哲学が感じられるのは、この時代の読書歴が影響しているとも言われています。

大学卒業後は内務省に入省。戦後、復帰し、一九四七年の衆議院選挙で、当時の民主党から立候補します。代議士になった中曽根は吉田内閣を徹底的に攻撃。日米安保条約に反対し、憲法改正、再軍備を主張します。この姿勢を一九五五年の保守合同まで一貫させた結果、自民党時代を迎えると、傍流として扱われるのです。

やがて、佐藤栄作退陣。「三角大福中（三木・角栄・大平・福田・中曽根）」のすさまじい政争の中、三木内閣でようやく幹事長、福田内閣で総務会長に…。三・角・大・福が総理を務めた後、次には、闇将軍、田中角栄の意向で鈴木善幸《ぜんこう》が指名されます。ところが、鈴木内閣は外交で失敗。角栄の「中曽根で行く」という鶴の一声で中曽根が総理に就任したのでした。

暮れてなお命の限り蝉時雨

中曽根が他の総理と大きく異なる点は、多くの首相が、官僚が作成した政策の中から選択し、与党の同意を得て決定するという方法を採っていたのと違い、彼はあくまでトップダウンで政策を推し進めたこと。しかも、彼にはリーダーに不可欠な、目標や目的の明確さ、指示の具体性、責任主体の透明性がありました。

もちろん、彼の改革がすべて成功したわけではありません。その一例が教育改革。中曽根は学校教育の自由化や教育の国際化などを目指し、首相直轄の臨時教育審議会を設置しますが、文部省などの大反対で、学習指導要領による教育の一元化の緩和さえも潰されます。中曽根政権に厳しいスタンスの朝日新聞ですら、「教育界は単に改革の急激さに反対しただけではなかった。むしろ、変革そのものへの消極性を露わにした」と中曽根に同情を寄せたほどでした。

また、税制改革も志半ばにして終わりました。しかし、中曽根が、その後の基本路線を敷いたことは疑う余地のない事実です。「何をやったかではなく、何を目指したか大事」という言葉もありますが、中曽根の政治が常に高きを目指していたことは紛れもないことです。日本という国の未来を大切にしたいという強い思いが、彼の政治の根底にはありました。その思いのあまりの強さが、中曽根に対する二分された評価につながる部分もあります。

「政治家とは歴史という名の法廷で裁かれる被告である」。中曽根の言葉です。その覚悟を私は彼自身の句の「暮れてなお…」にも感じます。実際、彼はこの句に違わない生き方を貫きます。自民党に七〇年定年制が持ち上がった際には、「歳をとってダメかどうか、世界に通用する論文が書けるかどうかで勝負しよう」と訴えたりもします。一九九五年には全六巻の『中曽根内閣史』も残しています。

元号が令和になった二〇一九年の一一月二九日、昭和、平成の政治に、まさに命の限りを尽くした中曽根は一〇一歳の大往生を遂げたのでした。

Gotoda ● Masaharu

後藤田正晴《ごとうだまさはる》

1914年8月9日～2005年9月19日

危機管理の父

角栄の懐刀

「カミソリ後藤田」と呼ばれ、戦後の政治史上最大の軍師、名参謀、名補佐役として知られる後藤田正晴、彼は一九一四年、現在の徳島県吉野川美郷に生まれました。東京大学法学部から内務省に入省。戦争中は台湾の歩兵連隊に配属され、終戦後は捕虜生活も経験しています。

警察庁に異動後はエリート街道まっしぐら。警察庁官房長、自治庁官房長を経て、一九六九年警察のトップ、警察庁長官に就任します。そして、よど号ハイジャック事件、あさま山荘事件、テルアビブ空港乱射事件など、**昭和の犯罪史に残る大事件で見事な手腕を発揮していった**のです。

一九七二年、警察庁長官を退任。そんな後藤田を、天下を取ったばかりの田中角栄は三顧の礼をもって自分の内閣に迎え入れようと声をかけます。角栄のスケールの大きさ、政治的能力の高さを感じた後藤田は、政治の世界で生きる覚悟を決め、田中内閣官房副長官に就任したのでした。「角栄の懐刀」としての後藤田の活躍の始まりです。

官房副長官時代、後藤田が成し遂げたものの一つに、義務教育教員の待遇改善があります。実はこれ、日教組対策の一面もあったのですが、それ以上に義務教育の質向上のためでした。しかし、義務教育教員だけの給料アップという角栄の目論見を人事院、大蔵省、自治省などが認めるはずはなく、文部省さえ及び腰。そこで後藤田の登場です。彼は法律の名称を変える等の作戦を練り、前例が全くなかった、義務教育教員のみの三号アップを可能にさせたのでした。

「後藤田五訓」が意味するもの

活躍を続ける後藤田でしたが、選挙民の洗礼を受けることを自らに課し、官房副長官を辞任し、郷里の徳島選挙区から参議院議員に立候補します。ところが、結果は落選。しかも、後藤田自身、「人生最大の汚点」と述懐しているように、二六八人の選挙違反者を出してしまいます。さらに、強力な後ろ盾だった田中角栄が田中金脈問題をきっかけに首相を辞任。後藤田にとっては初めて味わう苦渋の日々でした。それでも、角栄の**「選挙はとにかく歩くこと」という教えを心に、四国山地の人里離れた家を一軒一軒回り続けるのでした。**

雌伏《しふく》の時を経て二年後、衆議院議員選挙で六万八九〇〇票余りを獲得し当選。そして、大臣経験を経て、中曽根内閣で官房長官に就任します。これは中曽根（74P）首相が角栄に直接頼み込んで実現した人事でした。後藤田がこの時に行った三公社民営化は、昭和史に残る輝かしい業績です。また、ソ連による大韓航空機撃墜事件や三原山噴火における対応にも、彼は危機管理能力を遺憾なく発揮して、中曽根政権を支えていくのでした。

後藤田はどうやってこのような高い危機管理能力を獲得したのでしょうか。もちろん、警察官僚だった彼は官僚機構の動かし方を熟知し、情報収集能力も抜群だったでしょうが、警察官僚の経験のみによるとは、到底思えません。私は、その答えは後藤田五訓にある気がします。

後藤田五訓とは、一九八六年に官邸主導を目指した内閣五室が後藤田の肝いりで発足した際、後藤田が各室長に示し、徹底させた心構えです。①出身がどの省庁であれ、省益を忘れ、国益を想え ②悪い本当の事実を報告せよ ③勇気を以《もっ》て意見具申せよ ④自分の仕事でないと言うなかれ ⑤決定が下ったら従い、命令は実行せよ

この五訓を裏返して眺めれば、自ずと官僚主義が抱えている問題が浮き彫りになってきます。**後藤田は、とかく安定した組織に蔓延しがちな危険要素を取り除くことの必要性と重要性を感じ、課題を一つ一つクリアーすることで、危機管理の基本を身につけていった**のでしょう。

後藤田は一九九六年、八一歳という高齢を理由に引退します。ただ、その後も彼の判断力は、いささかの衰えを見せないどころか、「政界のご意見番」としての抜群の存在感を発揮します。阪神淡路大震災の際には、時の首相、村山富市は竹下登の助言もあり、後藤田の指導を仰いで

いるのです。

平和主義者という素顔

経歴を見れば、後藤田はタカ派と思われがちですが、実は違います。というより、そういう括《くく》り方を超えた信念が彼にはありました。究極の平和主義者、人間主義者だったのです。よく言われる、「日本国憲法は単なるマッカーサー憲法だ」という批判に対しては、「マッカーサーが作ったんだから変える」という考え自体を「時代遅れ」と一蹴します。そればかりか、**平和主義、基本的人権、国際協調などに高い価値を認め、「自主憲法」を制定すべきという考え方については、「再軍備ではないか」とはっきりと反対を唱えるのでした。**

そういう彼の信念が最も顕著に表れたのが、中曽根内閣官房長官時代、レーガン米大統領からのホルムズ海峡機雷掃海に海上自衛隊の派遣が要請された時でした。外務省も総理も派遣に傾いていたところ、後藤田は、「強行するなら、私は閣議でサインしない」とまで言い切ったのです。中曽根はその一言で諦めたと言います。**自らの戦争体験から、「戦争は愚劣なもの」と後藤田は考え、それは一瞬も揺らぐことがなかったのです。**

近年、メディアは即効性のある経営手法やそのトップを取り上げては、「強いリーダー」「変革の担い手」などと持ち上げます。しかし、真のリーダーとはどうあるべきなのか。後藤田の判断の速さと行動力、時に見せる慎重さから、私たちは考えるべきではないでしょうか。

「カミソリ後藤田」はまた、弱者への温かい目も備えていました。彼は格差社会到来の前にすでに警鐘を鳴らしています。**「競争社会にしないと、世界的競争に耐えられないということはわかるんだけども、競争社会の中で落ちていく人のことをどうするのだということをぜひ考えてもらいたい」**。今、日本が抱えている問題の本質を見抜いていたのです。同時に、その言葉からは彼がどんな社会を目指していたかが、おぼろげながらも浮かび上がってくる気もします。

二〇〇五年に後藤田は没します。享年九一歳。人生一〇〇年時代と言われる現代社会を生き抜いた生涯でした。そして、人生一〇〇年時代だからこそ、第二、第三の人生をどう生きるかは誰もが向き合うべき問題でもあります。六二歳から国会に出て、その後二〇年間、政治家として見事な活躍をする後藤田は、ある意味、私たちの生き方の指針でもあるのでしょう。

ただ、心しなくてはならないのは、その第二、第三の人生は他力本願ではなく、自らの手で切り拓かなければならないということ。後藤田は確かに田中角栄の引きもあったものの、「警察にこの人あり」と言われた輝かしい経歴には少しも甘えず、四国の山中を一軒一軒自分の足で歩いて回り、票を集めます。損得を超え、時の流れに抗《あらが》うことも厭《いと》わず、信念に生きることで信任を得ていきます。

常に前向きな姿勢を持つこと、それこそが人生をより豊かに生きるための鍵なのでしょう。

Margaret ● Thatcher

マーガレット・サッチャー

1925年10月13日〜2013年4月8日

イギリスで最も愛され、最も嫌われた首相

鉄の女

マーガレット・サッチャーという女性政治家を語る時、その枕詞に使われるのが「鉄の女」です。旧ソ連国防省機関紙が名付けたこの名は無論のこと、イギリスメディアがよく使った「Mrs. TINA」という呼称も、彼女が信念の政治家であることの証。「TINA」は、アルゼンチン軍の南太平洋のイギリス領フォークランド島侵攻に対し、艦隊派遣を決めた際の、「他に取るべき道はありません（There is no alternative.）」という彼女の言葉の頭文字です。

サッチャーの抜きん出た外交センスは、米ソの冷戦終結においても発揮されます。各国の首脳間の人間関係が重要な意味を持っていたこの時代、書記長就任前のゴルバチョフと会ったサッチャーは、一目で「一緒に仕事ができる男」と見抜き、彼の西側デビューをバックアップします。レーガンに対し、ゴルバチョフは交渉相手として信頼に値する、と説得も行っています。

また、「鉄の女」サッチャーは政治的な計算ができる、実務家

でもありました。「コンセンサスを得て」という政治を嫌った彼女ですが、状況分析などでは世界的なシンクタンクも活用、政策立案には委員会を設置しています。決して剛腕だけの政治家ではありませんでした。ただ、父の教えでもあった、「多数に追随するな。自分自身で決断せよ。（略）そしてリードしていけ」をモットーとしていたのです。

イギリス病からの回復を目指し…

マーガレット・サッチャーは一九二五年一〇月、リンカンシャー州グランサムという田舎町で食料品店を営む、敬虔なメソジストの両親のもとに生まれます。父親のアルフレッドは、労働階級からその勤勉さで這い上がり、後に市長にまでなった人物。サッチャーは「現在の信念のすべてを私に植え付けてくれたのは父」と語るほど影響を受け、その**教えの質素倹約、自己責任、自助努力を自らの政治哲学にもしていく**のです。

優秀だったサッチャーはオックスフォード大学に進み、化学を専攻します。その一方で、保守党系のオックスフォード《OUCA》学生保守協会、要は保守党の学生支部で政治活動を始め、ついには初代女性会長に就任します。サッチャーが国政に打って出るのは二四歳の時です。ただ、二度落選。いったんは政治から離れ、結婚し、双子を出産します。この時期に弁護士資格も取得しています。そして、三四歳の時、夫、デニスのサポートで初当選を果たしたのです。

当時のイギリスは、「ゆり籠から墓場まで」がモットーの、社会保障が行きわたる福祉国家。電気・ガス・水道などの公共サービスから交通・通信などの主要産業、果ては旅行代理店トマス・クックまでが国営でした。当然、産業は国際競争力を失い、国家財政は瀕死状態。高いインフレが続いていました。何より、人々の勤労意欲が低い。いわゆる「イギリス病」です。「欧州の病人」とも揶揄され、一九七六年には国際通貨基金《IMF》による救済措置も取られたほどでした。

そして、「不満の冬」と呼ばれる一九七八～七九年の冬、ゼネストが行われます。ロンドン中心部の広場は未回収のゴミで埋め尽くされ、リバプールでは死者の埋葬さえできなくなります。サッチャーが首相に就任したのは、まさにこのストの直後でした。

首相になったサッチャーは、すぐに経済を立て直すため、公的支出を大幅に削減。政治の市場介入を抑制します。あまりに強硬な施策に反発も強烈で、サッチャーは**「史上最悪の首相」と叩かれます。それでも、彼女の信念は微動だにしませんでした。**「好かれようとしているだけなら、いつでも何でも妥協する用意があり、何も達成しないだろう」。彼女の言葉です。

そして、そんな折に起こったのがフォークランド戦争だったのです。即座に派遣を決め、勝利した彼女はイギリス国民の心に祖国への誇りと希望を取り戻し、支持率を八〇％まで急上昇させたのでした。

目指したのは意識改革

「サッチャリズム」、彼女の一連の政策はそう呼ばれます。サッチャーは社会主義や悪しき平等主義と決別し、自由主義、市場主義をもって活力のある国に再生しようとしたのです。

代表的なのが、国有企業の民営化と労働組合の改革。特に、全国炭鉱労働組合を「国内の敵」と呼び、一年以上にも及ぶストにも勝利します。もちろん、大量の石炭を備蓄し、オーストラリアから輸入する算段もつけておきます。しかも、エネルギー相には**テレビ映りの良いイケメンのP・ウォーカーを登用。世論を味方につけます。サッチャーはどう攻めるべきかを熟知していたのです。**結果、高いインフレは収束し、国家財政の大幅赤字は解消していきます。

しかし、サッチャーが真に目指していたのは、彼女自身、「経済は方法に過ぎません。目的は魂を変えること」と断言しているように、国民の意識改革でした。簡単に言えば、権利ばかりを主張する前に、前向きにきちんと働く人間を育てることこそが必要と考えていたのです。

そこで、サッチャーは新たな教育法を制定します。一九八八年のことです。まず、植民地支配など自虐的な歴史教育や、生徒の興味・関心ばかりを優先する教育を変えようと、教育内容・カリキュラムの全国共通化や全国一斉学力テストを実施します。その一方で、学校理事会には財政運用や教員任命の権限も与えます。また、道徳観育成のため、キリスト教徒以外でもキリスト教を必修科目にします。さらには、教育における親の責任と権限を明確にします。学力は、次々と打ち出すサッチャーの施策によって確実に向上していきました。

私も、子どもの学力保障は大事だと思っています。しかし、それだけを追求すると、何かを見落とす危険性も感じます。実際、この教育改革では多文化教育や障害者教育といった、弱者への配慮が欠けていました。それは、経済政策にも垣間見えます。「小さな政府」と「市場メカニズムの活用」を目指した結果、金融市場としてのロンドンは栄える反面、多くの中小零細企業は壊滅的打撃を受けたのです。また、医療制度改革では国民が受ける医療水準の著しい低下を招きました。**サッチャーによって弱者が切り捨てられたという指摘も否定できません。**

一九九〇年一一月、国民全員が一定の税額を負担する人頭税の提唱と欧州統合への懐疑的な姿勢が批判され、首相の座を降りることになった六五歳のサッチャー。その**一一年半にわたる歴代最長首相在任期間中、評価は常に両極端でした。国民に最も愛され、最も嫌われた首相です。イギリスの救世主、あるいは破壊者。**それは、八七歳で亡くなった時の反応も同じです。

ただ、「良きにつけ悪しきにつけ、二一世紀のイギリスは彼女の記念碑である」と、イギリスの政治評論家のデヴィット・マルカンドが述べるように、サッチャーなくして、今のイギリスがなかったことは確か。サッチャーはまさに時代が求め、時代が生んだ政治家だったのです。

彼女は、アイルランド共和国軍《IRA》の爆弾テロに遭った時も、また、風見鶏のように変化する評価に決して動じず、鉄の意志としたたかな戦略をもって、時代の求めに応え続けたのです。

Angela ● Merkel

アンゲラ・メルケル

1954年7月17日〜

サッチャーを超えた鉄の女

物理学者から政治の道へ

アンゲラ・メルケルは、アメリカの経済誌『フォーブス』発表の「世界で最も影響力のある女性一〇〇人」ランキングで八年連続第一位を取ったことのある、稀有な政治家です。

一九五四年、西ドイツのハンブルグに生まれた彼女は、福音主義の牧師だった父親の赴任に伴い、東ドイツに移ります。成績は抜群、語学に堪能で、一〇歳の時にはロシア語スピーチコンテスト全国大会で優勝しています。一九七三年、東ドイツの最難関校カール・マルクス大学（現ライプツィヒ大学）物理学科に入学し、同じ学科の学生、ウルリッヒ・メルケルと結婚。結婚生活自体はわずか四年で破綻しますが、今でも名乗っているのは彼の姓です。

大学卒業後は東ベルリンにある科学アカデミーに就職。博士号を取得します。その時、指導教官だったヨアヒム・ザウアーと再婚。事実婚を続け、正式に入籍するのは一九九八年になってから…。ザウアーには妻子がいたので、略奪婚とも言われました。

物理学者として働くメルケルの生活が劇的に変わるのは、ベルリンの壁崩壊がきっかけです。三五歳になっていたメルケルは、後にCDU（キリスト教民主同盟）と一緒になるDA（民主主義の出発）の結党メンバーになるのです。すると、たちまち頭角を現し、一九九〇年、東ドイツ首相にデメジエールが就任すると、首相補佐官に…。やがて、メルケルは最初の東西統一連邦議会選挙で自ら候補者となり、見事、当選します。

鉄の女、本領発揮

初当選後、メルケルはすぐにコール首相によって女性・青年問題相に抜擢されます。そして、三六歳で連邦代表代理に選ばれます。二度目の選挙後は環境・自然保護・原発保安担当相に…。メディアは彼女を「コールの娘」と呼び、その寵愛ぶりを揶揄しますが、彼女は単なるお気に入りではありませんでした。ベルリンで行われた最初の地球温暖化防止会議では議長として活躍。一一七カ国もの多国間交渉で力のある政治家であることを証明します。

こう説明すると、**メルケルの政治活動は一見、順風満帆に見えますが、実はある意味、戦いの歴史でもありました。**初出馬の際も、望んだ出身地からの出馬は洲代表との折り合いがつかず断念。また、コール政権が選挙で大敗し、野党時代も経験しています。しかも、コール政権時代の闇献金が発覚、大問題になります。驚くことは、この時、幹事長だったメルケルが恩人のコールを厳しく批判したこと。党員にコールから距離を置くことさえ訴えたのです。

結局、この闇献金問題でメルケルはCDU党首になります。そして二〇〇五年、CDU／CSU連合はシュレーダ首相率いるSPD（社会民主党）と緑の党連合に勝利。ついに第八代連邦首相に就任します。五一歳、歴代最年少でした。

残念ながら、SPDとは僅差で、閣僚ポストの半数はSPDが獲得。当然、政権は不安視されますが、さすが、私自身、**サッチャー以上だと思う鉄の女、メルケル。状況打開のため自らの政策を直接、国民に訴えます。世界の国家指導者で初めてビデオポットキャストを使用したのは彼女です。**柔軟性も備えているのです。

また、メルケルは政権発足当時から人権重視の姿勢を明確に打ち出し、EUの対中武器輸出にも反対します。各国、特にロシアとの友好関係維持にも力を入れます。

二〇〇九年、総選挙で勝利したメルケルは連立を解消。支持率は六〇％を超えました。ところが、ギリシャ危機に対し莫大な財政支援をしたことで国民の不満が爆発。「努力もしない国に…」というわけです。結局、次の選挙では過半数を割り、再び大連立を組むことになります。

三期目のメルケル政権での最大課題は、一〇〇万人を超える難民のドイツへの移入許可。許可決断の背景には、難民という形で優秀な青年労働力を受け入れ、労働人口を確保するという考えがあったのでしょうが、この問題は以後、EU諸国に大きな影響を与えていきます。

二〇一七年総選挙。改選前より議席減になり、メディアは難民受け入れが原因と報じました。

連立でようやく第四次メルケル内閣を発足させた彼女は、党首選には出馬しないと表明します。党首としての一八年間に自ら終止符を打ち、二〇二一年一二月、首相の座を降りたのです。

政治手法に学ぶ

メルケルが政治の世界に身を投じた当時、政界トップの座に就くと予想した人は皆無でした。党内基盤も弱い旧東ドイツ出身、宗教はプロテスタント、離婚歴もある。通例の出世コースからは全く外れていたからです。

ただ、どこか野暮ったささえ感じさせるこの女性の武器は、何と言っても人並みはずれた情勢判断力と行動力でした。必要ならば、**恩人コールに対しての弾劾も厭わないばかりか、その際、コールから激しく攻撃され、「蛇を胸に抱いた女性」とまで唾棄《だき》された時も、その攻撃さえ利用し、リベラル層の連帯を高める手段にしていきます。**しかも、彼女は政治的イデオロギーには拘泥《こうでい》しません。元々は原発推進派だった彼女ですが、東日本大震災後は急に、廃止路線に舵を切ります。状況主義のようですが、彼女は世論の動向を見極める術を知っているのです。

メルケルは長考の政治家としても知られています。豹変する時はあるにしても…です。優柔不断なわけではなく、専門家の話を聞くなど、徹底的に情報を収集します。彼女は実に聞き上手で、しかも、政治的決定を表面化させる際のタイミングの取り方もうまい。

そんな彼女は、政治学者の佐藤伸行が「リケジョのマキャベリスト」と呼ぶように、一見、政治的勝利のみを最優先しているとも見えます。しかし、権力に対する勘の鋭さがあるとはいえ、本質的には世事に恬淡《てんたん》とした人ではないかと感じます。だから、引き際も心得ていたのでしょう。

彼女の私生活も支持されてきた要因の一つです。メルケルの趣味は夫と一緒の山歩き。自宅では料理はすべて手作りし、家具もＩＫＥＡで買うという、いかにもプロテスタントらしい倹《つ》ましい生活を送っているそうです。

そして、彼女の**魅力の根幹はやはり、その揺るぎない人道主義にある**のでしょう。特に、難民、移民問題でメルケルが示した人道主義の価値は高く、ナチス犯罪の過去に負い目を持つドイツ国民の多くは、自国が「人道国家」「道徳国家」として認められることに、一時的ながらも満足感さえ得ていたことは紛れもありません。

ただ、二〇二二年に突如起きたロシアのウクライナ侵攻では、首相の座を降りているとはいえ、長年、ロシア寄りの政治姿勢を示してきたがゆえに、メルケルに対する批判も高まりました。実は、メルケル個人としては、当時から、諜報機関出身のプーチンには不信感を持っていたそうなのですが…。あのメルケルをしても、世界情勢を正しく読むのは非常に難しいということなのでしょうか。

Kaneko ● Kentaro

金子《かねこ》堅太郎《けんたろう》

1853年3月13日〜1942年5月16日

日露和平調停の立役者

伊藤博文の英断

近代日本の存亡を賭けた日露戦争。開戦を決定する御前会議が開かれたのが一九〇四年二月四日一三時四〇分。終了したのは一八時過ぎ。その時、枢密院議長、伊藤博文は帰宅するや否や、前法・農相で腹心の金子堅太郎を呼び、こう告げたのです。「ルーズベルト大統領に会い、和平調停に乗り出すように説得してもらいたい」。**伊藤は何と開戦が決定した時点で、戦争をいかにうまく終わらせるか、そして、それができるのは金子以外にいないと考えたのです。**

事実、金子にはハーバード大学時代から培った、セオドア・ルーズベルト大統領をはじめとするハーバード人脈がありました。さらに、アメリカの世論を日本の味方にできるだけの英語力もありました。この時の日本外交の凄みは、金子以外にもイギリスに戦費調達のため末松謙澄《すえまつけんちょう》と高橋是清《たかはしこれきよ》を、ロシアには革命支援工作を行う明石元二郎《あかしもとじろう》を送り込んだことです。

難しい依頼に金子は躊躇しますが、自らも「鉄砲を担いで命の限り戦う」という伊藤の覚悟の前に決意。一民間人として渡米します。船中には、当時の日銀総裁、イギリスに渡る高橋是清もいました。二人とも、日本の面積の六〇倍、国家歳入費八倍、陸軍総兵力一一倍、海軍総トン数一・七倍と言われていたロシアとの国力差を知っていました。ロシア海軍はバルチック艦隊が世界的に有名ですが、実は陸軍も世界最強。一方、当時で一九億円、国家予算の三倍の戦費を長期間賄う国力は日本になく、ルーズベルトへの調停工作は、まさに日本の存亡を賭けた外交だったのです。

広報外交の勝利

金子堅太郎は一八五三年、福岡藩士の家に生まれ、一七歳で東京に出ます。岩倉使節団に旧藩主の黒田《くろだ》長知《ながとも》が私費留学生として加わり、その随行員に選ばれ、渡米します。

金子はボストンで、文字通りＡＢＣから学び始めます。信じられない話ですが、金子はアルファベットさえ知らず、小学校教師を時給一ドルで家庭教師に雇い、市立小学校に一九歳で入学したのです。ハーバード大学ロースクールに入学したのは二三歳の時です。「名門のロースクールに入るなんてすごい」と思いがちですが、当時、ここはまだ書類選考だけでした。

金子は教授たちとも親しくなり、彼らの住むボストンの上流階級のパーティーにも積極的に参加し、政界、経済界、法曹界、文学界など、多岐にわたるアメリカ人との交流に勤しみます。

一八七八年、帰国。ただ、薩長土肥の藩閥政治の中では、東大予科の英語教師の職に就くのが精いっぱいでした。その環境が一変する契機が、イギリスのE・バーグの『フランス革命の省察』などを翻訳した『政治論略』を出版したこと。これが伊藤博文の目に留まり、内閣総理大臣秘書官に抜擢されます。そして、伊藤の下で井上毅《いのうえこわし》と伊東巳代治《いとうみよじ》と共に大日本帝国憲法の草案作成メンバーとなったのでした。

さて、日露戦争直前の米露関係は非常に良好でした。その上、ロシアは熾烈な広報活動を展開し、駐米大使カシニーは黄禍論《こうかろん》（黄色人種警戒論）まで持ち出し、日本は野蛮な非キリスト教国という位置づけに躍起になっていました。伊藤の命でそんな状態のアメリカに赴いた金子は、アメリカで民主主義を学んだ一民間人として訴えます。特にハーバードクラブ主催で行った二時間以上にわたる演説は歴史に残るものでした。「もし、この戦争に日本が敗れても少しも恥じない。日本は正義のため、国を守るために国民は一丸となって戦ったが、横暴ロシアのために滅ぼされたということを歴史に残せれば、満足である」と…。

この演説は、アメリカ国民の一般的な心情でもあるアンダードック観、つまりはアメリカ版判官びいきの心情に響きました。また、金子が戦死した敵将マカロフへの敬意を表したことが武士道を彷彿《ほうふつ》させ、翌日の新聞は全紙、「日本人は欧米人が考えられない高尚な思想を持っている」と称賛。ハーバードクラブは、演説内容を小冊子にしてアメリカ各地で配布もします。

金子は二年間で五〇回以上、各地で演説会を開きます。ルーズベルトやＶＩＰとの会談・会食などは八〇回余り、ニューヨークタイムズなど新聞への寄稿も五回。特に、渡米一年後、ニューヨークのカーネギーホールで六〇〇〇人の聴衆を集めて単独公開演説会を開催したことは驚嘆に値します。演題は「日本人の性質と理想」。ここで金子は格調高く、東洋の伝統思想と西洋の学術を融合し、全世界皆兄弟を実現させたいという日本の夢を語ります。

その上で、日本の勝利がアメリカの経済的利益につながることも強調します。「ロシアが満州を支配すれば、中国進出を目指すアメリカにとっては足枷《あしかせ》になるが、日本が勝利すれば、アメリカは太平洋貿易の支配者になれる」と…。こうして金子は、**ルーズベルトを頂点にアメリカの政界、経済界、法曹界、メディアの日本支援の輪を拡げる一団を見事に形成**したのでした。

金子堅太郎の広報外交から何を学ぶか

「戦争とは外交の手段である」という言葉が有名ですが、事実、外交のインテリジェンスこそ、軍事力に劣らぬ破壊力を秘めています。金子の働きで対日支援に踏み切ったルーズベルトは、「日本の弁護士」と呼ばれたほど協力的でした。時には、ドイツ皇帝からの極秘情報を金子に伝えたりもします。また、金子から送られた新渡戸《にとべ》稲造《いなぞう》の『武士道』を我が子や上・下院議員に薦めます。ユダヤ金脈を味方にするように助言したのは、ルーズベルトの知恵袋と言われた国務長官。高橋是清がイギリスでの起債に成功できたのもこの助言があればこそでした。

では、金子の功績から学ぶことは何でしょうか。日露戦争開戦時に戦争の早期終結を考えた伊藤博文の外交センスもさることながら、自らの判断と能力でアメリカ国民を惹きつけ、伊藤の意を実現した**金子の英語力、真のコミュニケーション能力、人脈の構築の仕方は高く評価すべきでしょう。と同時に、彼のインテリジェンス外交も見習うべき**です。

現在、我が国は外交問題が山積しています。今こそ国際世論を喚起すべき時にもかかわらず、国際社会に対する手立ては極めて脆弱《ぜいじゃく》です。それに比べ、金子はロシア側が繰り広げる反日攻撃に対しても機を逃さず即座に、しかも、TPOに応じて反論していきます。国際社会における広報外交の基本を金子はあの時代、実践していたのです。

金子は教育関係でも大きな功績を残しています。日本大学初代学長であり、専修大学の設立などにも関わっているのです。また、八幡製鉄の設立なども…。ただ、残念なことは、晩年の彼は上昇志向や自己顕示欲の強さばかりが目立ったそうです。裏返せば、だからこそハーバード人脈の構築や、ポーツマス条約への道筋をつくることができたとも思うのですが…。そう考えると、自分の資質の何を武器にするか、その選択の重要性も改めて感じます。

金子が八九歳で亡くなった時、**ニューヨークタイムズは長文の追悼記事を載せ、「日米間の友好を説いた平和の唱導者」という最高の賛辞を寄せた**のでした。

Anna ● Eleanor ● Roosevelt

アナ・エレノア・ルーズベルト

1884年10月11日〜1962年11月7日

世界人権宣言の起草者

三人のルーズベルト

ルーズベルトという名前を聞くと、誰が頭に浮かびますか? 日露戦争のポーツマス条約の立役者、第二六代大統領セオドア・ルーズベルト? それとも、世界史に燦然と輝くニューディール政策の第三二代大統領フランクリン・ルーズベルト? しかし、アメリカではもう一人、有名なルーズベルトがいます。フランクリンの妻、エレノアです。

アナ・エレノア・ルーズベルトは一八八四年、アメリカ屈指の富豪の家に生まれました。セオドア・ルーズベルト大統領は彼女の叔父。名門です。ただ、彼女の少女時代は決して満ち足りたものではありませんでした。母親は彼女を「おばあちゃん」と呼び、美しくない容姿をからかいます。一方、父親は家に寄りつかないような遊び人。しかも、その両親と一〇歳で死別し、祖母に育てられます。彼女自身、「私は子どもの頃、どこをとっても注目されたりほめられたりするところがないと思わされていた」と語るほど、孤独で劣等感の強い少女だったのです。

転機が訪れたのは一五歳の時。イギリスの女学校でスベストルという女性校長に出会いました。彼女から、「人間は、誰もがこの世をよりよくするために生まれた」と諭されたことで、エレノアは、社会的名誉や外見的な美しさ以上に大切にすべきものの存在を知るのでした。

アメリカに戻ったエレノアは、一九〇五年、父親の遠縁に当たるフランクリンと結婚。五男一女を儲けます。ところが、フランクリンは三九歳の時、突然、ポリオに罹り、一生車椅子の状態に…。この時、エレノアは夫の脚になることを決意します。そのことをニューヨークタイムズは、「エレノアは知的で有能な政治家に変身した」と書いています。そして、「ブラック・サーズディ」から始まる大恐慌が襲う中、かつてのアメリカンドリームの再現を国民に訴え、一九三三年、フランクリンはついにアメリカ大統領に就任したのでした。

エレノアの強い信念と果敢な行動力を示すエピソードは数多くあります。その一つが、ヒトラーが台頭してきた時。彼女は「ヒトラーに従うぐらいなら死んだほうがましだ。どんな手を使っても排除すべきだ」と訴えます。しかも、その言葉に違《たが》わず、**エレノアは自身で国内外の各地を回り、ファシズムと戦おうとする人々の精神的支えとなっていくのでした。**

世界のファーストレディとして

エレノアを一躍有名にしたのは、一九三三年の二度目のボーナス・アーミー。退役軍人特別手当支給を求め、一万一〇〇〇人がワシントンに押しかけた時の対応です。一度目はフーバー前大統領が戦車や催涙ガスなど、武力で抑え込みました。ところが、**エレノアは護衛の制止も聞かず、デモ隊の中に入っていき、次の瞬間には彼らと共に行進の歌を歌っていたのです。**

何とこの年だけでエレノアは、三〇万通の手紙を受け取り、六万四〇〇〇キロを移動します。そして、人々の要求と自分の考えを粘り強くフランクリンに訴え、政策に取り入れさせていくのです。また、新聞各紙に配信されるコラム『My Day』を執筆し、自分の考えをどんどん発信します。しかも、死ぬまで…。「世界のファーストレディ」と呼ばれる所以《ゆえん》です。

実は不況打開策として政府が打ち出した、いわゆるニューディール政策もエレノアの助言によるとも言われています。こんなエピソードもあります。ある日、彼女が部屋を出る時、フランクリンは補佐官にこう言ったのでした。「ほら、一般庶民の意見の代表が出ていくよ」。

彼女は弱き者、虐げられた者の代表、民主主義の担い手でした。黒人オペラ歌手のワシントン公会堂でのコンサートが拒否されるや、エレノアはより権威のあるリンカーン記念堂を手配。七万五〇〇〇人の聴衆を集めます。また、日系アメリカ人強制収容も頑として反対し続けます。

しかし、彼女の本当の活躍は、一九四五年四月にフランクリンが急死した後。エレノアはトルーマン大統領からの要請を受け、国際連合の第一回総会代表団の一員となります。人権委員会の委員長にも選出され、あの世界人権宣言起草において、中心的役割を果たすのです。

当時、人権という認識自体に各国に温度差があり、話し合いは一筋縄ではいきませんでした。それでもエレノアは「彼女以外にこの仕事を成し遂げられる人間はいなかった」と言われるほど粘り強く交渉し、**「すべての人間は生まれながらにして自由であり、かつ尊厳と権利とについて平等である」という第一条から始まる世界人権宣言を一九四八年一二月、採択させます。**現在、世界人権宣言は彼女が願ったように国際的な大憲章《マグナ・カルタ》になっています。

一九五二年、エレノアはアメリカの国連代表を辞任します。当時の大統領アイゼンハワーが彼女を嫌ったためとも言われています。それでも、一九五三年、広島を視察した際は、アメリカが設けた原爆傷害調査委員会（ＡＢＣＣ）の「研究すれども治療せず…」状態を強く批判します。この指摘があったからこそ、ＡＢＣＣに治療棟が新設されたのでした。

ソ連のフルシチョフと会見した際は、二時間半も冷戦など当時の緊急課題について話し合い、フルシチョフの家族と夕食も共にします。ところが、フルシチョフから「友好的な会話でしたと新聞記者に伝えましょう」と言われたエレノアは、「友好的ではありましたが、お互いに考え方が違っていました、とお伝えください」と応えるのです。

人生というのは、真に生きるためのもの

一九六一年、ジョン・Ｆ・ケネディが大統領に就任すると、エレノアは再び国連のアメリカ

代表に任命されます。彼女が国連の議場に姿を見せると、各国の代表は全員立ち上がり、拍手で迎えたそうです。しかし、すでに体調を崩していたエレノアは、そのわずか一年後には亡くなります。七八歳でした。

エレノアの一生を振り返ると、「人々の人権を守るための八面六臂《はちめんろっぴ》の活躍」という言葉以外には思い浮かびません。しかし、彼女自身の結婚生活は幸福ではありませんでした。エレノアの「結局、基本的人権はどこに始まるかと言えば、それは家の周りから」という言葉は有名ですが、現実は、信頼を寄せていたエレノアの秘書と夫フランクリンとの不倫、さらには、それに絶望を感じたエレノア自身の不倫…。

ただ、「不幸な結婚生活だからこそ、社会活動にエネルギーを注いだ」と決めつける見方は、ちょっと違う気もします。それどころか、**エレノアが嫌悪し戦ったのは、そのように何かを決めつけ、線引きをしようとする社会自体だったとも思うのです。**

肌の色の違い、富める者とそうでない者、マジョリティかマイノリティかの違いなど、世の中はどこかで一つの線引きをしたがる傾向が見受けられます。しかし、そうではない。すべてをあるがままに受け止めるキャパシティの必要性こそ、エレノアが幼い頃から変わらずに求め、そのために行動したものだったのではないでしょうか。そして、彼女は、まさに自身の人生をその願いの通り「真に生きた」、そう思うのです。

Rachel ● Carson

レイチェル・カーソン

1907年5月27日〜1964年4月14日

地球の叫びを伝えた環境保護の先駆者

アメリカを変えた『沈黙の春』

気候変動のニュースを耳にする度に私の心に浮かぶ一人の女性がいます。レイチェル・カーソンです。彼女は「『沈黙の春』という一冊の本でアメリカを変えた」とまで言われる生物学者。彼女が四年の歳月をかけて記した『沈黙の春』は、一九六二年に出版されると、即日、四万部を売り、さらに一五〇万部のベストセラーとなったばかりか、すぐに二十数カ国語に訳されます。日本では文庫の場合、なんと八三回も版を重ねている不朽の名作です。

この本は、友人からの手紙で散布農薬によって鳥や昆虫が死んでいる事実を知ったレイチェルが、当時、絶対的な信頼の下に使われていた、DDTをはじめとする殺虫剤や農薬などの合成化学薬品の危険性を指摘した本。今、大きな問題になっている地球温暖化までは言及していないのですが、それでも、**「巡り巡る命の輪」という原理で環境問題を捉え、「環境の世紀」とさえ呼ばれる現代社会の扉を開いたのが、彼女であったことは紛れもないこと**でした。

しかも、『沈黙の春』は、ヒステリックで声高な農薬反対論に終始することなく、また、単なる膨大な資料提供に終わることもなく、生物学者としてのしっかりした科学的洞察力に基づき、そこに寓話なども織り込みながら、誰にとってもわかりやすい言葉で紡《つむ》がれています。

しかし、皮肉なことに、この本が巻き起こしたものは「騒々しい春」。実にヒステリックな反応でした。殺虫剤の製造会社や全米農薬協会は無論のこと、政府までも否定的で妨害も多く、彼女は秘密裏に執筆を続けたそうです。ＤＤＴの殺虫効果発見者ミューラーは一九四八年ノーベル生理学・医学賞も受賞していたのですから、ある意味、自然な反応でもあったのですが…。

この問題が決着したのは、一九六三年、ケネディ大統領が命じた科学諮問委員会の調査で、レイチェルの正しさが裏付けられた時です。そしてレイチェルは、あの世界的人気漫画『ピーナッツ』のルーシーの憧れの人物として度々登場するほどの存在になったのでした。

みずみずしい感性の母体

レイチェル・カーソンは一九〇七年、アメリカのペンシルベニア州に生まれます。自然豊かな環境の中で、彼女は動物を友とし、植物のうつろいに心躍らす少女に成長していきます。それは元教師であった母親マリアの教育の賜《たまもの》。「一〇〇人の優秀な教師も一人の母親の教育にはかなわない」という言葉もありますが、マリアは病弱で、学校を休みがちなレイチェルと野外を散策しながら、すべての生き物が関わり合って生きていることを皮膚感覚で教えたのでした。

その上、レイチェルは文才に恵まれていました。読書好きであった彼女は、一〇歳の時に雑誌に「雲の中の戦い」という物語を投稿し、一二歳の時には、一語につき一ペニーで原稿が買い取られます。自分のことはあまり語らなかったレイチェルですが、後年、「私は一二歳でプロ作家になった」と嬉しそうに語るほどの、心躍る経験でした。

やがてレイチェルはペンシルベニア女子大学に進学します。当時、大学に進む女性は裕福な家庭の子か抜きん出た頭脳の持ち主だけ。そんな中、奨学金でやっと大学に進学するレイチェルにはそれなりの覚悟が必要でした。しかし、彼女の武器は自然の中で育まれた感受性。その感受性が自分の信じる道を突き進む実行力も生んでいました。

だからこそ、**病弱な身体であるのに、両親、兄、姉とその二人の子の生活費すべてが彼女の肩にかかるような生活や、「女性は科学者には向かない」という偏見にも屈しませんでした。**もちろん、『沈黙の春』に浴びせられた非難に対しても…です。レイチェルは、物静かな外見とは似つかわしくない意思の強さで冷静に戦い続けます。

実は、レイチェルは大学入学時には作家を夢見ていました。生物学に進路変更したのは、メアリー・スキンカー教授に出会ったため。教授から感化されることは多く、ウッズホール海洋生物研究所での研修参加も教授の勧め。ここで内陸育ちのレイチェルは海と初めて出会い、後年、「海の作家」と呼ばれる礎《いしずえ》が築かれるのでした。

そして、海に魅了されたレイチェルは、スキンカー教授を追ってジョンズ・ホプキンス大学大学院に進みます。ただ、自身の言葉「貧乏という名のおばけ」のために博士課程には進めませんでした。商務省漁業局にはじめはアルバイトで、また、公務員試験にトップ合格した後も勤め、そこで海の生き物を解説するラジオ番組の台本やパンフレットをつくりながら、自身も作家として原稿を書くという二足のわらじ生活をするのです。

やがてレイチェルは、海の三部作『潮風の下で』『われらをめぐる海』『海辺』でベストセラー作家としての地位を築き、作家活動に専念できるようになります。そんな彼女の元に届いたのが、『沈黙の春』を書かせるきっかけになった、友人からの一通の手紙だったのです。

センス・オブ・ワンダー

もし子どもを育てるなら、何を一番大切にしますか?

レイチェルはこう断言します。**「センス・オブ・ワンダー（神秘さや不思議さに目を見張る感性）」。そして「知ることは感じることの半分も重要ではない」**とも…。彼女は、「美を感じる心や新しい未知なものに出合う感動が呼び覚まされれば、自然とその対象への知識を得たくなる」、つまり、知識は感性の畑から育つと考えていたのです。

レイチェルは晩年、若くして亡くなった姪の息子ロジャーを養子にしていました。そのロジャーと共に森や海辺を散策し、彼のための雑誌に連載していたエッセイ集が『センス・オブ・ワンダー』です。この本は、自然体験を核とした環境教育の原点ともされています。

個人的な意見を言えば、『沈黙の春』を初めて手にとった時、科学者と作家の二つの資質を見事に融合させている作品に圧倒されると同時に、「重さ」を感じました。それに比べ、『センス・オブ・ワンダー』は子どもへのストレートな愛情を感じ、優しい気持ちに浸れます。

レイチェルは語ります。「もし子どもたちが『センス・オブ・ワンダー』を持ち続けることができたなら…。やがて大人になるとやってくる倦怠と幻滅…つまらない人工的なものに夢中になることに対する解毒剤になる」。「地球の美しさについて深く思いを巡らせる人は、生命の終わりの瞬間まで、生き生きとした精神力を保ち続けられる」。

レイチェルは、『沈黙の春』執筆時から癌を患っていました。病魔との苦しい闘いを続けながらも、使命感に支えられ、執筆を続けた彼女だからこそ、この言葉はより一層深みを増すのでしょう。

『沈黙の春』を出版して二年後、レイチェルは亡くなります。五六年間の短い人生でしたが、彼女はそのすべてを懸けて、人間も自然の歯車の一つにすぎないと訴え、環境倫理学という新しい考え方を間違いなく世の中に伝えたのです。

Ogata ● Sadako

緒《お》方《がた》貞《さだ》子《こ》

1927年9月16日～2019年10月22日

世界で最も活躍した日本人女性

小さな巨人

日本人として、また女性として初の国連難民高等弁務官や、JICA（国際協力機構）理事長を務めた緒方貞子が亡くなったのは二〇一九年一〇月でした。享年九二歳。

世界が望んだ米ソ冷戦終結。しかし、待っていたのは平和ではなく民族紛争の激化。結果、一九六〇年には一四〇万人だった難民は、八〇年代には八二〇万人、九〇年代には二七〇〇万人に達します。ある意味、二〇世紀は「難民の世紀」でもあったのです。

一九九一年、緒方は国連難民高等弁務官に選出されます。日本人初の国連機関のトップ。彼女はすぐさま防弾チョッキ姿で世界の紛争地を回ります。この一貫した現場主義、迅速な決断と行動力、大局を捉える的確なリーダーシップに感嘆した欧米メディアは、彼女が身長一五〇センチあまりの小柄であることから「小さな巨人」と名付けます。彼女は国連難民高等弁務官事務所（UNHCR）の独自の組織づくりを行い、財政面も立て直します。

一九九六年にユネスコ平和賞を受賞している緒方は、ノーベル平和賞、国連事務総長、さらには我が国の外相や首相の候補にも名前が挙がりましたが、いずれも辞退を繰り返します。

二〇〇〇年一二月に退官した後は、アフガニスタン復興支援を担当する首相特別代理に就任。二〇〇〇年一月、東京開催のアフガニスタン復興支援国際会議で議長を務めます。この会議で緒方は、その巧みな交渉力によって世界各国から四五億ドル以上の援助金を引き出したのです。

七六歳でＪＩＣＡの理事長に就任後もリーダーシップを発揮し続けます。日系人が景気悪化で大量解雇されると、「調子の良い時は呼んで、悪くなったら帰すのですか」と怒り、国内で仕事が得られるようにします。海外支援活動が主体のＪＩＣＡにとっては前例のないこと。しかし、**緒方は平然と言い放ちます。「ミッションのためにならなら、ルールを変えればいい」。**

理想の国際人の残した足跡

緒方貞子は一九二七年、東京都港区に外交官、中村豊一の長女として生まれます。ちなみに曽祖父は五・一五事件で暗殺された、元総理大臣の犬養毅。幼少期にアメリカや中国、香港で生活した彼女は、帰国後は聖心女学院に転入。卒業後はアメリカのジョージタウン大学で国際関係論修士号を取得。さらに、カリフォルニア大学バークレー校大学院博士課程で政治学を専攻します。**当時のアメリカはキング牧師に代表される、人権運動が開花した理想主義の時代。**

彼女は身をもって人権についての理解を深めたのです。

三三歳の時、東大時代に知り合った日本銀行勤務の緒方四十郎と結婚します。四十郎の父親は吉田茂内閣で副総理を務めた緒方竹虎代議士。遡《さかのぼ》れば、江戸時代の医師、緒方洪庵（211Ｐ）にもつながる名門です。

博士号取得後、国際基督教大学准教授や上智大学教授に…。二児の育児と仕事の両立はこの時代、容易《たやす》いことではありませんでしたが、緒方はその面でも先駆者でした。そして、七八年には市川房枝の推薦で国連公使に、九一年には第八代国連難民高等弁務官に就任するのです。

ただ、彼女を待っていたのは、湾岸戦争によるイラク国内の一八〇万人のクルド難民でした。しかも、そのうちの四〇万人が入国を拒むトルコとの国境地帯に滞留していたのです。

当時、国際規約では、国境を越えなければ難民と認定されません。しかし、緒方は幹部職員の反対を押し切り、国内にいても難民と認定し、支援を決断します。それは、それまで東洋人女性のトップ就任に懐疑的だった職員の目の色を変える英断でもありました。

ダイナミックでフレキシブルな考え方をする彼女は、ボスニア・ヘルツェゴビナの紛争では、従来タブーとされてきた軍の派遣を欧米諸国に要請します。そして、五カ国の空軍の協力でサラエボへの食料などの空輸作戦を開始します。ただ、この作戦には数十名の犠牲を伴いました。彼女自身の運転手が銃弾に倒れたこともあります。

それでも緒方は少しも怯《ひる》みません。それどころか、イスラム系とセルビア系が互いに支援物資を運ぶルートを遮断すると、即座に両者への支援全面中止を発表します。この発表は国連本部を揺るがす大問題に発展します。「一《いち》高等弁務官にそんな権限があるのか」と批判が巻き起こったのです。しかし、結果は、三日後にはセルビア側が停戦を宣言。彼女を批判した国連事務総長のブトロス・ガリは退任に追い込まれることになったのでした。

ポルポト派の支配地域に近いカンボジアに赴いた時は、朝六時に起床、重さ一五キロの防弾チョッキとヘルメット姿で難民収容所をヘリと車で飛び回ります。とても六〇代半ば過ぎの女性の行動ではありません。

民族紛争は非常に難しい問題をはらんでいます。救援を求める難民が紛争を起こした当事者であったりもするからです。フツ族とツチ族の対立によるルワンダ難民がまさにこれでした。ルワンダ内戦による難民は一〇〇万人規模でしたが、難民への援助はフツ族武装勢力に手を貸すことになるので、「国境なき医師団」まで撤退を表明します。しかし、UNHCRだけは踏み止まります。**そこにある命を見捨てず、緒方は解決に向けた努力をし続けたのです。**

徹底した国際協力と現場主義

第二次世界大戦後の焦土の中、食料にも窮していた多くの日本人は、ガリオア・エロア資金の食料援助によって生き延びました。また、高度経済成長も、世界銀行からの資金援助があったからと言われています。ただ、緒方が考えていたのは、「その恩返しを」という意味での「国際貢献」ではなく、あくまでも、世界の構成員としての「国際協力」でした。だからこそ、難民問題に関しても、人口移動という現象ではなく、「人の命は平等」という視点で捉えようとしていました。彼女は真の国際協力と人道主義を貫いていたのです。

その姿勢がよくわかる逸話があります。彼女の補佐官を務め、後の第一一代高等弁務官、フィリッポ・グランディ氏が内戦のコンゴにいた時のこと。非常に危険で撤退すべきか決断を迫られた氏は、緒方に電話します。すると、緒方は「とどまれば、難民の命が救えますか」と尋ねてきたそうです。「多分、救える」と答えると、彼女はこう一言。「ならとどまるべきです」。

緒方のモットーともされるのが「現場主義」ですが、これが至難の業であることは想像に難くありません。命の危険だけではありません。特に組織人の場合、組織そのものが、「前例が…」とか「本来は…」、あるいは「担当が違う」という言葉で立ちはだかることも多いからです。大きくなればなるほど臆病になりがちなのは、組織という存在の宿命でしょうか。

しかし、緒方は立ち止まることも、信念が揺らぐこともありませんでした。**できない理由を探すことを自分に許さなかったのです。「危機とか難局は乗り越えるためにある」**。「小さな巨人」が残した重い言葉です。

Nakamura ● Tetsu

中《なか》村《むら》 哲《てつ》

1946年9月15日～2019年12月4日

不毛の地アフガンに生涯を捧げる

現代版『花と龍』

「竜の彫りもの伊達《だて》ではないぞ／命すて身の若松みなと／俺の死に場所ここだと決めた／それが男さ　それが男さ／花と竜」。

これは、芥川賞作家火野葦平《ひのあしへい》の小説『花と龍』が原作のTVドラマ主題歌のワンフレーズ。若松港、現在の北九州港の港湾労働者を仕切る玉井金五郎を描いたこの作品は、義侠心という言葉が死語でなかった昭和に生きる人々の心にずしんと響くものがありました。

実は、この『花と龍』の主人公、金五郎は二〇一九年末、アフガニスタンで銃撃され、死亡した中村哲医師の祖父。報道の中で、クローズアップされたのがアフガニスタン復興支援活動の業績と共に、彼の人となり。個人的に彼を知る人は異口同音に「理屈ではなく、義理と人情の人だ」と口にします。ある意味、中村医師の人生は、アフガニスタンの自身の部屋にその写真を飾っていた、祖父の金五郎がモデルの『花と龍』そのものだったのでしょう。

中村医師の無私の生き方の裏には生育歴があります。祖父、金五郎の生き方もさることながら、厳しい祖母に「率先して弱い者をかばえ」「どんな小さな命も尊べ」と躾《しつ》けられたことも…。また、母親の弟である小説家、火野葦平には、自分も作家になりたいと友人に語るほど感化されます。そして戦前、何度も投獄されるなど、**反骨の社会活動家の父親や、貧しさや苦労にはびくともしない母親がいてこその彼の人生だった気もします。**

西南学院中学三年の時に洗礼を受けた彼は、恵まれない人々の助けになりたいと、医師を志します。そして、九州大学医学部に進学。面白いのは、アフガニスタンのために働くようになったきっかけが、当時、福岡労災病院の精神神経科に勤めていた彼の趣味が昆虫採集で、珍しい蝶を見たさに、ある登山隊の同行ドクターの仕事を引き受けたことでした。

一九七八年のこの時、彼が訪ねたのはアフガニスタンとの国境沿いのパキスタンでしたが、到着するとひっきりなしに「診てもらいたい」と患者が訪れます。内村鑑三の**「他の人の行くことを嫌う所へ行け。他の人のいやがることを為せ」という言葉を自らの行動指針としていた**中村医師は、助けを求めて来る人々を前にして自分の進むべき道を知るのでした。

医療活動に加えて利水事業も

日本に戻った中村医師は、一九八四年、JOCS(日本キリスト教海外医療協力会)からアフガニスタン国境近くのパキスタンのペシャワールに派遣されます。当初の目的はハンセン病の診療。しかし、現地を訪れると、栄養失調が多く、しかも無医村。彼は即座に無料診療を開始。それには日本国内の支援組織の支えがありましたが、それでも一年後、パキスタンとアフガニスタン国内に五カ所の臨時診療所を開設できたのは、中村医師の行動力の賜物でした。

当時、アフガニスタンはソ連が撤退した直後。欧米のNGOが多くやってきたものの、彼らはただ食料と金をばら撒くだけ。それに比べ、現地の人々の中に飛び込んで無料で診療する中村医師が、徐々に信頼を得ていったのは自然な流れでした。

二〇〇〇年夏、アフガンの地に未曾有の干ばつが襲います。家畜の九割が死に、一〇〇万人の国民が餓死寸前に…。加えて、米軍によるゲリラ掃討作戦が始まり、ミサイルの雨が降り注ぎます。欧米のNGOはすべて撤退しましたが、中村医師は活動を続け、やがてタリバン政権が崩壊。残ったのは草木のない荒涼の大地と、その日の飲み水にも事欠く生活。仕方なく泥水を飲むと、たちまち健康を崩し、死に至るのです。中村医師は考えます。まずすべきことは、水を確保することではないかと…。この時から、**医療活動に加え、利水事業を始めます。**

井戸を掘り、地下水路を整備する。容易ではありません。土木の素人だった彼は、娘から教科書を借り、微分積分から勉強を始めます。重機も自ら操りました。そんな努力の甲斐あって、三年後には完成した井戸の数一〇〇〇カ所、甦った集落は六〇を超えました。現在も近くを流れるクナール川から水を引く、幅五メートル、長さ一六キロに及ぶ用水路建設が進行中です。

計画通り完成すれば、十数万人の人々が自給自足できる農地が甦るのです。

ただ、財源に乏しく、技術水準も高くない現地では、近代的工法では成功しません。そこで、江戸時代の治水技術なども研究したそうです。この工事費用は二億円。現地人、元タリバンの兵士まで雇い、現地に伝わる工事技法も活用しました。**日本のODAのわずか一〇分の一の費用で、不毛の地アフガンが甦る曙光《しょこう》が射し始めようとしたその時、中村医師は反政府勢力の凶弾に倒れたのでした。**享年、七三歳。

現地スタッフの一人はこう語ります。「欧米のNGOは堅牢な建物に居を構え、高級車が並ぶ。しかも、危険が近づくと消え去ったが、中村医師はここに残り、質素な一軒家の事務所で、日本人ただ一人でふりかけご飯を黙々と食べていた。全く無私の心でアフガンの人々に寄り添ってくれた中村医師は神様のような人です」。

ニュースで上皇ご夫妻が中村医師のご遺族に弔意を伝えられたことが報じられましたが、実は、中村医師の活動に感銘を受けていた上皇ご夫妻は、平成八年に中村医師が医療功労賞受賞以来、何度か御所に招いて活動状況をお聞きになり、労をねぎらわれていたそうです。

平和は結果でしかない!

中村医師が最も大切にしたこと、それは、現地の人々の立場に立ち、現地の文化や価値観を

尊重し、現地のために働くこと、そして人々と強い信頼関係を築くことでした。中村医師には名誉とか地位、財産という座標軸は存在しません。一切の打算も邪推も虚栄もありません。

とかく、そういう人は思想とか信念、イデオロギーに固執しがちですが、彼は違いました。宣教は一切せず、それどころか、イスラム教の神学校の立ち上げにも参加しています。イスラム教の根幹をなす教えは、平等や助け合いの精神、偽りなく生きること。中村医師は多くのイスラム教徒から、「先生が語る言葉と行動にイスラム教の真の理想郷を感じる」と言われたほど、彼らの信仰に理解を示します。**彼はイデオロギーを語る前にスコップを手にしたのです。**

彼の言葉で印象的なのは、「自分のしていることは平和運動ではない。農業ができて、家族が食べていければ、結果として平和になる。平和は結果でしかない」というもの。彼は行動を通してしか、平和の本当の意味を諭すことができないし、キリスト教であれ、イスラム教であれ、宗教が人間の救いなら、自然と人、人と人とのつながりの中で結果として、平和や心の平穏が得られると考えていたのかもしれません。

中村医師の座右の書でもあった内村鑑三の『後世への最大の遺物』の一節には、「何人にも遺し得る最大の遺物、それは高尚なる生涯である」とあります。まさにその言葉に違《たが》わずの義侠を貫いた男の生涯でした。

Shibusawa ● Eiichi

渋沢栄一《しぶさわえいいち》

1840年3月16日～1931年11月11日

資本主義経営の本質は「社会的責任」

明治の心臓

幕末、明治より始まる日本近代化の歴史において、福沢諭吉を「明治の頭脳」とするならば、**経済活動の要として「心臓」にたとえられる人物がいます。渋沢栄一です。**

渋沢栄一は一八四〇年、現在の埼玉県深谷市の富農の家に生まれます。幼少より論語に親しみ、七歳から渋沢の人格形成に大きな影響を与える尾高惇忠《おだかあつただ》に儒学を学びます。

やがて渋沢は、家業の藍玉（染料）売買では、大人顔負けの商才を発揮していきます。しかし、ある時、封建制度や階級制度の矛盾を痛感することになります。父親の代理で出頭した代官所で五〇〇両の寄付を強要されたのです。その場だけは代理ということで切り抜けたものの、その時、彼が感じた矛盾を解消することが彼の人生の一つの目的にもなったのです。

二三歳の時、幕府の階級制度や外交政策に不満を募らせた渋沢は高崎城乗っ取りを計画します。しかし、直前で断念。その後、京都に向かいます。そこで、不思議な縁としか言えませんが、一橋家用人の平岡円四郎と知り合い、そのはからいで一橋家に士官することになります。そして、彼はそこで財政改革、歩兵の募集、新規事業運営などで実績を上げていくのでした。

一橋慶喜が将軍に就任したことで幕臣となった渋沢は、幕府の崩壊は必至と見て、自らの手による幕引きを慶喜に進言します。が、当然、受け入れられません。そんな中、パリ万国博覧会に慶喜の弟、昭武の随行者として派遣されます。彼は幕府崩壊までの一年一〇カ月、パリを拠点にスイス、オランダ、ベルギー、イタリア、イギリスを歴訪します。そして、下水道の中を歩き回ったり、アパートの賃貸契約のやり方までもすべて書き留めたりしながら、先進技術のみならず、社会や経済に関する組織や制度を貪欲なまでに吸収していくのでした。

驚くことには、経済的センスの持ち主である彼は、パリ滞在中に公債や鉄道債券の運用を行っています。しかも、滞在費の二万両を元手に、留学費用を賄った上で日本帰国時には四万両が残っていたと言われるほど、利殖に成功するのです。

一八六八年、帰国。渋沢は静岡に「商法会議所」を設立します。その後、大隈重信の説得を受け、大蔵省に勤めます。そして、井上馨《かおる》の片腕として財政改革、度量衡の制定、国立銀行条例制定に携わるのですが、予算編成を巡り、大久保利通と対立。一八七三年、井上と共に退官し、活躍の場を実業界に移すことになります。

教育活動への強力な支援

渋沢を語る時、彼の経営者・起業家としての類まれなる力量が話題の中心となりがちです。確かに、渋沢は第一国立銀行（現みずほ銀行）、東京海上火災、王子製紙、東急電鉄、秩父セメント、帝国ホテル、東京証券取引所など五〇〇以上の、それも広い分野の企業設立に関わりました。あの理化学研究所の創設委員会の委員長も務めています。

そんな彼が名を成した後、力を注いだのが教育でした。一八七五年、渋沢栄一は森有礼《もりありのり》の依頼を受け、商法講習所の開校に努力します。**「商人には高等教育は要らない」という風潮に、「官僚は凡人でも務まるが、商業には一流の人材が必要だ」と、当時としては革新的な主張で一蹴するのです。**もしかしたら、すでにこの時、渋沢は世界に先駆けたビジネス・スクールのコンセプトを明確に有していたのかもしれません。

そして、この商法講習所を渋沢は東京高等商業学校、東京商科大学、一橋大学へと変貌させていきます。無論、様々な困難に遭遇しますが、その度に彼は抜きん出た説得力を発揮し、周囲と共感の関係を築き、乗り越えていくのでした。

私見ですが、それを可能ならしめたものこそ、渋沢のコミュニケーション能力の高さではないでしょうか。彼は出会いを活かせる人間でした。「どんな人にも必ず良いところがある。それを認め、引き出そう」という考えを自らの核としていました。そんな彼が、多方面の教育に関係するのは、ある意味、必然の帰結だったのでしょう。しかも、彼のコミュニケーション能力の高さたるや！　第一八代米大統領グランド、中国の孫文や蒋介石などとの交流でも遺憾なく発揮されたと言われているほどです。

渋沢は大隈重信との関係で、早稲田大学の建学・運営にも肩入れします。また、大倉喜八郎の大倉商業学校（現東京経済大学）、三島中洲《みしまちゅうしゅう》の二松学舎、柴田徳次郎の国士舘の設立や経営に協力します。伊藤博文、勝海舟らと女子教育奨励会（現東京女学館）の設立もしています。さらに成瀬仁蔵《なるせじんぞう》に頼まれ、日本女子大学の創立にも貢献し、九一歳で亡くなるまで学長も務めています。渋沢が関与した教育機関の数は、実業教育四八、女子教育二七、その他を含めると合計で一六四団体にも及びます。そこからは、**資本力の強化のみならず、人材の育成とそのネットワークの構築こそが、日本の発展に不可欠と考えていた渋沢の姿が浮かんできます。**

世界に先駆けたビジネス・スクールの発想

日本の資本主義の父、渋沢栄一の理念は、著書『論語と算盤』（道徳経済合一論）に集約されています。これは、銀行家・起業家としての経験に根差して論語を検証したものです。根本の考えは、「富を成す根源は仁義道徳であり、正しい道理の富でなければ永続できない」でした。その著書の中では、**「経済活動には他人（公益）のことを図る利他主義が必要だ」**とも語られ

ています。現在の企業の社会的責任にすでに言及し、実践していくのです。

当然、渋沢は他の実業家、とりわけ三菱創設者、岩崎弥太郎の「すべての利は一個人に存する」という経営思想とは真逆の立場であり、財閥を創ることはありませんでした。

経済学者P・F・ドラッカーは、渋沢のことをこう語っています。「彼は世界の誰よりも早く経営の本質は、『社会的責任』にほかならないということを見抜いていたのである」。

ドラッカーの言う通り、渋沢栄一はまさに時代の先覚者でした。経済活動を蔑視する朱子学に支配された江戸時代に生まれながら、彼はビジネスの重要性を認め、経営の社会的責任を果たす人材育成の必要性に誰よりも早く気づいていました。法学・工学・医学などの人材は養成されていても、商業を教育するという考え方自体が皆無の時代に…です。だからこそ、後に東京高等商業学校の帝国大学合併案が示された時もそれを排し、あくまで単科大学としての昇格を目指したのでしょう。

渋沢は商業教育を「陽炎《かげろう》の教育」と称しました。私は、商業教育は天下りではなく、陽炎のように地から生じたもので、霧のように明確な形ではない。しかし、そこに価値があり、だからこそ大事に育てるべきだという意味だと受け止めているのですが…。

彼が亡くなったのは、一九三一（昭和六）年一一月。九一歳でした。江戸、明治、大正、昭和と生きた彼の目には、当時の社会がどのように映っていたのでしょうか。

Thomas ● Blake ● Glover

トーマス・ブレイク・グラバー

1838年6月6日～1911年12月16日

「死の商人」か、「志の商人」か

政商の地・長崎

江戸時代の日本最大の文化都市という過去と、世界文化遺産都市という現在が相まって、日本有数の観光地である長崎。その長崎で最高の集客数を誇るのがグラバー園です。しかし、その主のグラバーについてはあまり知られていません。一九〇八年に明治維新に功績があったとして、外国人としては異例の勲二等旭日《くんにとうきょくじつ》重光章《じゅうこうしょう》が授与されているにもかかわらず、です。

トーマス・ブレイク・グラバーは一八三八年、スコットランドに生まれました。高校卒業後はジャーディン・マセソン商会に入社。一八五九年、長崎に着任します。弱冠、二一歳の時でした。そして二年後には、ジャーディン・マセソン商会の長崎代理店となるグラバー商会を設立します。グラバー商会は、当初は生糸や茶の輸出を中心としていましたが、やがて武器や弾薬を販売するようになります。坂本龍馬の亀山社中と取引をしたという記録もあります。

実は、薩英戦争で完膚なきまでに叩きのめされ、軍備近代化を切望する薩摩藩主に英国公使ハリー・パークスを紹介したり、武器取引を通して薩摩と長州と結びつけたりして、新しい時代の幕開けを演出したのがグラバーでした。後年、グラバー自身、**「日本のために一番役立ったことはハリー・パークスと薩摩、長州の間にあった壁を壊したこと」**と語っていたそうです。

興味深い記録もあります。一八六八年八月、幕府がグラバーに注文したアームストロング砲が長崎に到着しました。しかし、前金だけで残金の支払いはまだ。当然、引き渡されず…。それが、慶喜追討令が出される中、官軍に渡ったのです。グラバーが意図的だったかどうかは不明です。ただ、このことがその後の情勢に大きく影響したことは紛れもない事実。しかも、前金、八万五〇〇〇ドルの半額を、グラバーは薩摩藩に貸したと言われています。

グラバー商会はこのように西国雄藩に艦船、武器、弾薬の類を売り込み、長崎における外国商館の最大手となっていきます。現在のグラバー邸を建築したのもこの時期です。それが現存する日本最古の木造洋風建築です。そして、ここで岩崎弥太郎と歴史的な出会いをするなど、**グラバー邸は、彼の政商としての活躍の基地であり、長崎の梁山泊《りょうざんぱく》でもあった**のです。

明治日本産業革命の導火線

グラバーは事業にも乗り出していきます。当時、輸入した蒸気船は故障が多く、修理のためには上海まで曳航《えいこう》していました。そこで彼は、長崎の小菅《こすげ》に日本最初の洋式ドック（修船場）を薩摩藩と共同で造ります。また、大浦海岸において蒸気機関車を走らせてもいます。そして、最大の事業が、佐賀藩から経営を委託された高島炭鉱の本格的な採炭を開始したこと。しかも、その石炭の販売も、海外を含め彼が行いました。**明治日本産業革命の導火線の働きです。**

このように活躍していたグラバーでしたが、肩入れした西国雄藩が怒涛の勢いで討幕の兵を進め、鳥羽伏見の戦いで一気に勝敗を決したことで思惑が外れます。グラバーは大規模な内戦を想定していたのです。「死の商人」と呼ばれる所以《ゆえん》です。

結果、商会は仕入れた大量の武器、艦船を抱え込み、掛け売りの回収も滞ります。高島炭鉱経営の資金繰りも苦しくなり、ジャーディン・マセソン商会からの融資も打ち切られます。さらに、高島炭鉱では落盤事故や日本最初の労働争議が起き、結局、国有に移行されるのでした。

一八七〇年、ついに破産。しかし、彼の能力やネットワークを高く評価していた明治政府は、高島炭鉱の実質的経営者としてグラバーを迎えます。一八八一年、官営事業払い下げで、三菱の岩崎弥太郎が炭鉱を引き継いだ後は、所長として経営に当たることになるのです。

その後は三菱の相談役として活躍します。その一方で、日本市場でのビールの成長性に注目したグラバーは、スプリングバレー・ブルワリーを買収し、新会社を設立します。この会社が後のキリンビール株式会社です。蛇足ですが、キリンビールのマークはグラバー邸の温室入口にあった狛犬がモデルとも言われています。

一九一一年、グラバーは七三年のその波乱の生涯を閉じ、長崎市坂本国際墓地で永遠の眠りについたのでした。

「志の商人」として

同じ幕末に来日したシーボルト、フルベッキ、ヘボンなどは母国の大学で専門的知識や技術を学び、豊かな教養を備えていました。それればかりか、バックにはキリスト教会などがあり、刻々と変化する世界の情報や資金を得ることもできました。一方、**高卒で二一歳という若さで来日したグラバーに後ろ盾はありません。同志もいません。彼はまさに徒手空拳で道を切り拓いていった**のです。そんなグラバーの人格が推し量れる、エピソードがあります。

高島炭鉱開発のためにグラバー邸内でダイナマイト爆破実験をした時、近所の神学校から騒音の抗議が寄せられました。すると、グラバーは陳謝するどころか、「お前たちの生徒の方がもっとうるさい」とはねつけたのです。フルベッキやヘボンが自らの人格を通して影響を与えた構図とは全く異なり、グラバーは激しい感情を自らの原動力としていたのかもしれません。

実は、「薩摩スチューデント」と呼ばれる五代友厚《ごだいともあつ》や森有礼《もりありのり》ら一九人の若者が英国へ密留学しますが、出国から渡航、英国での滞在まで手配したのがグラバーでした。また、「長州ファイブ」と言われる伊藤博文、井上馨たち五人や、佐賀藩の石丸安世《やすよ》たち三人の密出国の手助けもしています。もちろん、ビジネスの一部です。「薩摩スチューデント」の場合は、一人、一〇〇〇両もの高額な代金を薩摩藩は支払っています。それでも、外国との商取引は将軍家の代表以外は固く禁じられていた時代。外国との取引や秘密裏の訪欧支援は危険極まりないことです。にもかかわらず、グラバーは賭けたのです。

後年、グラバーは、「私は世間から金儲け主義者だと思われているが、単にそれのみではない」と述べています。そこからは、日本の近代化を牽引したという自負が垣間見えます。**「死の商人」と揶揄されたグラバーは、「志の商人」でもあった**のです。

グラバーの生涯を俯瞰すると、その不撓《ふとう》不屈の精神に胸打たれます。「志の商人」として支援した貸付金が回収不能になり破産。普通ならスコットランドに帰国するところです。しかし、グラバーは一人のビジネスマンと立場を変えても、なお日本に留まります。そして、新たに自らの道を切り拓いていきます。一九世紀の冒険商人と呼べます。彼自身、晩年、**「江戸幕府に対抗した叛逆者の中で、私が一番の強者《つわもの》だった」と回顧**しているそうですが…。

ただ、彼は一人息子がいるものの事業の後継者を残すことはできませんでした。また、育てることもできませんでした。それでも、激動の時代、自らの夢と理想を追い、遠い異国の地で風の如く駆け抜けたグラバーの人生を、誰が批判することができるのでしょうか。

John ● Manjiro

ジョン万次郎《まんじろう》

1827年1月27日～1898年11月12日

幕末、外交の最前線で

HEART of a SAMURAI――海を渡ったサムライ魂

今、日本ではその名を知る者が少ない、ジョン万次郎。だが、**アメリカでは彼の伝記小説『HEART of a SAMURAI』が二〇一二年に児童文学賞を受賞し、学校教材にもなったほど有名です。**実はそれ以前にも、第三〇代大統領カルビン・クーリッジが「万次郎の帰国はアメリカが日本に最初に派遣した大使に等しい」と語ったほど、高く評価されているのです。

一八二七年、土佐の貧しい漁師の二男として生まれた万次郎は、一四歳の時、漁に出て遭難してしまいます。仲間とともに一〇日間漂流してやっと南海の無人島、鳥島に漂着。雨水を飲み、アホウドリを食しながら、一四三日後、通りかかった米国の捕鯨船ジョン・ホーランド号に救助されるのでした。

万次郎の賢さを認めたホイットフィールド船長は、船名の「ジョン」にちなんで「ジョン・マン」と命名。本人の意思を確認した上で救助者たちをハワイで下船させ、万次郎を故郷のフェアヘーブンに連れ帰り、養子にして学校にも通わせます。万次郎は英語、数学、測量、航海術、造船など、どの分野でも成績優秀だったそうです。その後、捕鯨船で三年四カ月、副船長も務めながら働き、世界を回ります。

やがて帰国を決意。養父も賛成してくれたので、当時、ゴールドラッシュのカリフォルニア金鉱で三カ月働き、帰国資金の六〇〇ドルを稼ぎ出します。それからハワイに漂流仲間を迎えに行き、一緒に日本に向かうのでした。

一八五一年二月、琉球に上陸。この時、万次郎、二四歳でした。**幸運だったのは、琉球が島津藩の支配下にあったこと。しかも、藩主、島津斉彬《しまづなりあきら》は開明的な名君でした。**鎖国時代です。普通なら上陸と同時に犯罪人として厳しく取り調べられるところでしたが、万次郎たちは賓客として厚遇されます。斉彬は直々に海外の事情や知識を聞き取ったばかりか、長崎に送るまでの四〇日間以上、藩士や船大工たちに造船や航海術などを教えさせ、船の模型までつくらせたと言います。そして、聞き取りが終わると、幕府老中首座である親友の阿部正弘《あべまさひろ》（53P）を通し、長崎奉行所に対して手厚く取り調べ、外交資料にするように手紙を書き送ってもいます。

外交交渉の最前線で

長崎での取り調べの後、幕府は万次郎をいったん生まれ故郷の土佐藩に戻します。土佐藩にとって万次郎が厄介者であったことは想像に難くありませんが、それでも士分に取り立て、藩校、教授館の教授に任命します。そして、海外に強い関心を抱いていた画家の河田《かわだ》小龍《しょうりゅう》の家に預けたのです。

河田は毎日、飽きもせず詳しくアメリカ事情などを聞き取り、画家だけに挿絵も入れて一冊の本にまとめました。それが『漂巽紀略《ひょうそんきりゃく》』です。写本もされたこの本はたちまち評判を呼び、多くの大名や幕府要人、幕末の志士たちの目に触れることにもなりました。

そんな万次郎に活躍の時が訪れます。ペリーが来航したのです。幕府老中首座の阿部正弘から召喚され、万次郎は普請役格《ふしんやくかく》として幕府直参《じきさん》となります。破格の出世です。姓も賜り、中浜万次郎となるのでした。

万次郎は、すぐに外国通信の翻訳や通訳をします。アメリカ外交の対応策を練り、勝海舟を所長とする幕府軍艦操練所の教授としても活躍します。ネイティブ並みの英語力なのですから当然です。あまりに活躍するため、万次郎にスパイ容疑がかけられるほどでした。結果、ペリーの通訳を外され、表面上は身を引くことになりますが、陰では様々なアドバイスをしています。

一八六〇年、万次郎は日米修好通商条約批准のために、幕府派遣の海外使節団の一員として咸臨丸で渡米します。この咸臨丸の艦長が勝海舟、団員には福沢諭吉もいました。ただ、この時、勝はひどい船酔いで役立たず。実際には、万次郎が全権を任されていたという話も伝わっています。

一八六四年、三七歳の時、万次郎は島津斉彬の後を継いだ久光の要請により、薩摩藩の洋学校、開成所の教授に着任し、英語、造船、測量、航海術を教えます。何と藩がイギリスで学ばせるために薩摩藩が密出国させた「薩摩スチューデント（206P）」と呼ばれる生徒たちを、万次郎はここで教えてもいるのです。

あえて教育者を選ぶ

薩摩から帰京した万次郎は、明治政府から開成学校（現東京大学）の教授にも任命されます。ただ、彼のそれまでの業績からみれば、到底、満足できる待遇ではありませんでした。それでも開成学校は、薩摩スチューデントの畠山義成が校長を務めたこともあり、そこに運命の糸も感じます。

一八七〇年、万次郎は普仏戦争視察団の一員としてヨーロッパに派遣されます。その帰途、軽い脳溢血に倒れたために第一線からは引退することになります。そして、七一歳で没するまで静かに余生を送ることになるのでした。

実は、対米外交での万次郎の活躍期間は意外と短いのです。四三歳の時には表舞台から完全に姿を消しています。にもかかわらず、教育者としての功績は大きいものがあります。

まず、土佐では後藤象二郎、岩崎弥太郎、板垣退助を教えています。坂本龍馬は薩摩の河田小龍家によく遊びに来ており、「海援隊」や「船中八策」のヒントは『漂巽紀略』から得たとも言われているのです。幕府軍艦操練所で教わった新島襄は彼自身の言葉で、「万次郎から大きな影響を受けた」と語っています。福沢諭吉は共に咸臨丸に乗っていますが、万次郎から海外事情を教わっただけではありません。彼のデモクラシーの考え方の基は万次郎からだ、との指摘もあるのです。教え子の一人である大山巌は日露戦争での捕虜の扱いが極めて人道的だったと英国の新聞で誉められましたが、これも万次郎の影響でしょう。

それればかりか、万次郎が教えた者から東京の師範学校長や学習院学長、音楽学校長ら何人も輩出しています。ある意味、**明治の教育界は万次郎の思想や考え方が原点になっているとも言えるのです。それが、明治政府から政界入りを誘われながらも、すべてを辞退し、あえて教育者の道を選んだ万次郎の人生の結果でした。**

余談ですが、日米外交の第一線で活躍する万次郎には暗殺の危機がありました。そこで、勝海舟が自分の護衛をしていた土佐の岡田以蔵、人呼んで「人斬り以蔵」を万次郎につけます。実際、万次郎が墓参りに出かけた折、境内に四人の刺客が潜んでいました。以蔵は万次郎を墓石の陰に隠し、刺客の二人を一撃のもとに倒したものの、残り二人は逃走した、そんな逸話もあるのです。事実か否かは別として、「数奇な運命」という言葉そのままのジョン万次郎の生涯でした。

Rennyo

蓮《れん》如《にょ》

1415年4月13日～1499年5月14日

日本宗教史上最大のオルガナイザー

「宗教界の信長」とも呼ばれた男

日本史上、有名な宗教家と言えば、最澄（天台宗）、空海（真言宗）。中世においては法然（浄土宗）、日蓮（日蓮宗）、そして浄土真宗の親鸞などの名が挙がります。それに比べると、蓮如はあまり知られた存在ではありません。

しかし、蓮如は宗祖親鸞が没して約二〇〇年後に生まれ、それまで参詣する人も疎《まば》らだった零細教団の浄土真宗本願寺派を一代にして、それもわずか二〇年足らずの間に日本最大の教団に変身させた人物。「宗教界の信長」と呼ぶ研究者もいるほど、**先見性、決断力、統率力が突出した、まさに宗教界の革命児です。**

しかも、です。信長が時代にその影響力を反映させたのは一瞬でしたが、蓮如は五〇〇年の長きにわたる浄土真宗繁栄の基盤を築き上げたのです。

蓮如は一四一五年、本願寺第七代法主、存如《ぞんにょ》の庶子として生まれます。ただ、正妻でなかった生母は六歳の時に寺を去り、彼は孤独な少年期、青年期を過ごします。

四二歳で法主になった蓮如は、即座に思い切った改革を断行します。まず、天台宗の本尊や経巻は悉く《ことごと》風呂の薪にします。また、門徒と平座《ひらざ》で語り合います。親鸞の思想、要は仏の前では皆平等であり、信徒は同朋同行の友だという考え方の具現化に努めたのです。

蓮如のこうした改革は、比叡山延暦寺支配からの自立運動の一面もあり、当然、圧力は想像を絶するほどで、僧兵に襲撃されたりもします。そこで蓮如は、京都から近江堅田《かただ》、ついには北陸、越前の吉崎に本拠地を移していきます。五七歳の時でした。

応仁の乱で世は乱れに乱れていましたが、蓮如はエネルギッシュに布教していきます。そして、吉崎は瞬く間に一大宗教都市に…。ところが、蓮如は守護、富樫《とがし》家の内紛に巻き込まれてしまい、さらには文明の一向一揆が起きます。もはや門徒のマグマのように燃え盛るエネルギーには、蓮如をもってしても太刀打ちできなくなり、一四七五年、蓮如は吉崎を去ります。

一四七八年、蓮如は門徒の寄進で新たに日本最大の法城、門徒にとってまさに「わしらの城」であった山科本願寺を起工し、数年後にはここにも一大宗教都市を出現させます。続いて蓮如は、大阪の街の魁《さきがけ》となる石山本願寺を築いていくのでした。

独創的組織論を駆使

無名の教団が短期間に全国有数の大教団へ変身できたのは、蓮如の分析力と組織力があってこそ、です。まず、**蓮如は布教対象を農民など、貧しい人に絞り込みます。その上で、死者が巷に放置されるような荒廃した時代だからこそ、人々が欲しているのは生きる喜びや幸せを感じさせる精神の拠り所だと分析**します。

そして、農村に成立する「惣《そう》」という寄合の形を取り入れた「講《こう》」をつくり上げます。特筆すべきは、この「講」を浮世の身分や秩序から切り離し、全く自由・平等の平座としたこと。しかも、「講」は行儀作法にも寛容で、そこでは酒も肉食も、度を越さなければ博打《ばくち》さえ認められていました。蓮如は、**教義を浸透させるには、遊びの要素や和気《わき》藹々《あいあい》とした雰囲気が不可欠だと確信**していたのです。

この「講」で蓮如は、親鸞思想を自ら著した「御文《おふみ》」を門徒に読み上げさせます。実は、「御文」は決して平易な表現ではありませんでしたが、蓮如は高い説得力をもって教義を説くのではなく、人の感情に直に訴える方法を選んだのです。しかも、朗々と読み上げさせ、狭い室内で響かせることで、一種の宗教音楽の効果も上げさせたのでした。

さらに言えば、「御文」は筆写され、回覧される中で、新たな門徒を呼び起こしていきます。そうして、自律的拡大機能さえも備えた組織ができ上がっていったのです。同時に、「名号幅《みょうごうふく》」と呼ばれる、「南無阿弥陀仏」などと記した書幅を下げ渡すようにし、それによって経済的基盤も確立していくのでした。

さらに蓮如は、人々に「何でも不審な点は言葉に出して問え」と勧めました。「黙っているのはよくない、自己表現をしろ」と教えたのです。要は、**貧しさの中で押し殺されてきた自我の解放を説いた**のでした。人々に受け入れられないはずがありません。

信長と家康の二面性を有して

蓮如には宗祖のような宗教的独創性はありませんでしたが、それでも親鸞の「善人なおもて往生を遂ぐ。いわんや悪人をや」という教えの本質の、誰よりもの理解者でした。ところが、本願寺の基盤ができてからの蓮如は、別人かと思うほど豹変します。親鸞の血脈であることを強調し、自分の一族の尊貴化を図って絶対主義体制樹立に邁進するのです。

実際、多数いる我が子を各地の重要な寺に配したり、日野富子など、時の権力者とも友好な関係を築いていくことに腐心したりする蓮如が晩年には姿を現します。**教団創業期の彼が信長にたとえられたのに対し、この守成期の蓮如は家康にたとえられます。**とかくありがちな、急成長していく組織のスケールの増大と比例するかのごとく高まる、瓦解《がかい》の危険性を誰より見抜いていたのかもしれません。

常に理想と現実の調整を怠らない蓮如の姿勢は、後継者選びでも遺憾なく発揮されます。彼はあえて長男の順如ではなく五男の実如を指名します。順如が愚鈍だったわけでは決してありません。ただ、「あまりに自分に似て闊達《かったつ》で行動的。守成期を迎えた教団が組織として機能し続けるには適さない」と判断したのです。

信長と家康、二人の個性を自らの中に併せ持った蓮如は、歴史的に見ても稀有の人物です。その彼から私たちが学ぶべき点は多々あります。例えば、スイッチの切り替えの的確さ。とかく私たちは成功体験を引きずり、「これまでは…」ということを錦の御旗《みはた》として振り回しがちです。しかし、**時には、大胆かつ巧みに対応策を切り換えることが不可欠だと蓮如は教えます。**

そして最も学ぶべきは、やはり吉崎時代までの同朋意識です。というのも、それは研鑽の結果というより、孤独な時代を通し蓮如の中に自然に育まれた意識でもあり、蓮如の核となるものだからです。そして、誰に対しても差別なく接することがすべての前提になったからこそ、「講」も「御文」も意味を成し、親鸞の教義が浸透したのです。

「他力本願」という言葉、残念ながら「阿弥陀の慈悲によって往生する」という本来の意味から逸脱した「他人任せ」と理解している人も現在は多いようですが、それでもその言葉自体が今なお生き続けていることこそ、蓮如が日本史上最大のオルガナイザーであったことの何よりもの証ではないでしょうか。

蓮如が山科本願寺で八五年の生涯を閉じた時、数万人という、当時の交通事情を考えれば驚異的な数の門徒が彼の前に額《ぬか》ずくために全国から参じたのでした。

Stories of III the Greats

才能で時代を切りひらく！
時代に愛され
世界を魅了する

「可能性と才能を自分で摘むことは絶対にしない」とでも言うように、順風満帆ではない日々も厭わずに時代を切りひらいた人々がいます。世界を魅了した彼・彼女らの愛すべき人柄に迫ります。

Yosano ● Akiko

与謝野晶子《よさのあきこ》

1878年12月7日〜1942年5月29日

才能のおもむくままに

マルチな表現者

与謝野晶子と言えば、『君死にたまふことなかれ』の詩や、歌集『みだれ髪』が有名です。が、詩や五万首にも上ると言われる短歌や評論ばかりでなく、驚くことには、小説や童話、紀行文も出版しています。『源氏物語』の口語訳もあります。彼女は文芸のジャンルを問わないマルチな表現者でした。

晶子は、「情熱の歌人」と呼ばれるように、エキセントリックで奔放と思われています。その所以《ゆえん》は与謝野鉄幹を妻子からも、短歌のライバルでもあった山川登美子からも奪い取った略奪愛と、自分の感情を赤裸々に詠《うた》った『みだれ髪』にあります。

しかし、本当の晶子は無口で、人見知りする性格だったそうです。ただ、彼女は自分の中に、自身ですら制御不能の湧き出るものを有していました。鉄幹は、晶子の創作の様子を「電撃的な神速を以て」と評していますが、**彼女の表現は、まさに内なる衝動の自然な発露だった気がします。**

晶子の天分、鉄幹の才気

与謝野晶子は一八七八年、大阪堺市の和菓子屋に生まれます。彼女自身、「竹の皮で羊羹を包みながら育った」と書いているように、一一〜二歳の頃から家業を手伝い、堺女学校を卒業する頃には、店にとってなくてはならない存在になっていました。唯一の楽しみは東京の新聞や雑誌を取り寄せ、夜中に『枕草子』や『源氏物語』などの古典を読むこと。そして、そんな生活の中、短歌革新の旗手、与謝野鉄幹主宰の新詩社の機関紙『明星』に投稿を始めるのでした。

やがて、歌会で大阪に来ていた鉄幹と直接話す機会を得た晶子は、花鳥風月にとらわれず、自分の思いを飾らない言葉で表現すればいいという彼の主張に感銘し、すぐに恋に落ちます。晶子にとって、妻子やライバル山川登美子がいることは何の枷《かせ》にもなりませんでした。

二三歳の時、晶子は家を出て鉄幹の元に走ります。七カ月後に出版した、歌集『みだれ髪』は「淫情浅想」などと、高山樗牛《ちょぎゅう》をはじめ文壇のバッシングを受けます。それでも、自我を解放し、恋と官能をのびやかに詠った『みだれ髪』はあの石川啄木もが愛読書にしたほど若者の心を捉え、彼女は一躍、時代の寵児に…。そして、晶子は鉄幹と正式に結婚するのでした。

今で言う「炎上」のような激しいバッシングは、三年後に日露戦争に出征する弟に向ける形で書かれた詩『君死にたまふことなかれ』を『明星』に発表した時も同じ。評論家、大町桂月からは「乱臣、賊子」と罵詈雑言《ばりぞうごん》も浴びせられます。しかし、晶子は「歌は歌にて候」と一蹴。「まことの心をまことの声にする以外に歌の詠み方があるのか」と開き直ります。ただ、この詩はやがて、晶子の純粋な思いを離れ、反戦歌としてひとり歩きをするようになっていきます。

もちろん、社会的な視点は晶子にもありました。スペイン風邪の時の政府批判や婦人参政権を求める言動、平塚らいてうの『原始女性は太陽であった』が有名な『青踏』創刊号に寄せた「山動く日来る」で始まる巻頭詩『そぞろごと』からも感じられます。**晶子の言葉は、新しい時代の女性たちの背中を力強く押していったのです。**

ただ、私が魅力を感じるのは童話です。童話という言葉すらなかった時代に、巷のおとぎ話の野卑《やひ》さや変に教訓めいたところを嫌った晶子は、一〇〇点に達する童話をつくりました。評価的には低い作品ですが、子どもに寄り添う温かさやユーモア、おおらかで感性豊かな子に育てるべきという教育観も詰まっていて、教育の意義を深く認識していたことを感じます。

その背景には、科学的思考力に抜きん出ていながら、裁縫の時間ばかりの女学校しか進学を許されなかった生育歴があるのかもしれません。「もしも、親が兄の教育に尽くしたほど自分にも尽くしてくれたなら」は、晶子自身の言葉です。その思いが家庭教育、女子教育などの評論や、男女共学、自由教育を掲げた文化学院という学校の創立メンバーとなり、自ら二〇年にわたり教壇に立つことにもつながるのです。

そして、マルチな活躍をし続けた晶子の横には、いつも夫、鉄幹がいました。あのベストセラー『みだれ髪』は、晶子の才能と共に、体裁から表紙のデザインの細部に至るまで鉄幹の緻密な計算が張り巡らされて生まれたと言われています。鉄幹にはプロデューサー、コーディネーター、演出家としての類まれな才能があったのです。晶子は作品を発表する際は、必ず鉄幹にアドバイスをもらうほど彼を尊敬し、一途に愛し続けます。**二人でいることで歌人としては枯渇していった鉄幹の才能に反比例するかのように、晶子にとって鉄幹の存在は、自身の才能流露の呼び水となっていたのです。**

個の尊重

晶子の多岐にわたる作品は尽きない才能の泉の存在を実感させます。その泉は、鉄幹や子どもへの無償の愛ばかりか、教育や女性の生き方など、理性面でも豊饒《ほうじょう》です。そして、それらの作品を俯瞰してみると、貫かれている彼女の考えが浮かび上がってきます。個の尊重です。それがはっきりと打ち出され始めるのは渡欧後でした。

晶子は、『明星』を廃刊し、時代から取り残されていく鉄幹の新たな出発のために渡欧を考えます。バイタリティのある晶子は、自歌の一〇〇首を屏風に書き、頒布して費用を捻出します。しかも、鉄幹を追って自らもパリに向かい、二人で各地を回り、ヨーロッパの個人主義を肌で感じます。その中で、**個の尊重は彼女の確信となっていく**のです。

この確信はさらに、**女性は経済的にも自立すべきで、その前提があって結婚や出産をすべきという主張にもつながっていきます。**当然、「出産育児を国家が保護することは女性の権利」と考える平塚らいてうとの間には激しい母性保護論争を起こすことになります。晶子の考えはブルジョア的などと非難されますが、実際は、五男六女（出産は一三人。二人は死産と早世）を自分の筆一本で育てる生活はとても苦しく、三女、四女、五女は一時期、里子に出さざるを得なかったほどでした。

第一、生涯、晶子が心に抱き続けた個の尊重とは、決して肩肘張った大仰なものではなく、自分の感性や考えを大事にし、正直に表現すること、それが原点だったと私は考えています。と同時に、「女だから…」という一言で多くの可能性が摘まれていた時代に生きた晶子にとって、それこそが何ものにも代えがたい、人として生きる意味そのものだったとも思うのです。

蛇足ですが、パリで憧れのロダンに会うことができた晶子は感激のあまり、帰国後に生まれた四男に「アウギュスト」（後に改名）と名付けます。これはロダンの名前です。子どもの名を呼ぶ時の、頬を染めている晶子を想像すると、常に少女のような感性の高まりを持ち続けた人生だったのだろうと、うらやましくも感じます。

才能の神に愛され、時代の波に乗り続けた与謝野晶子は六四歳の時、七年前に亡くなった鉄幹のもとに旅立っていきました。

Miyazawa ● Kenji

宮《みや》沢《ざわ》賢《けん》治《じ》

1896年8月27日～1933年9月21日

人間の性《さが》すべてを肯定し、慈《いつく》しむ

自然や他者との共感性

国民的作家とも言える地位を確立している宮沢賢治。ただ、どの作品が好きかと言われると、意見は分かれるようです。『銀河鉄道の夜』『よだかの星』などの童話、あるいは『雨ニモマケズ』や「永訣の朝」などの詩。同時に、「難解だ」と嫌う人も多いのです。

確かに、何を言おうとしているのか、はっきりしない。しかし、裏返せば、解釈は読み手の自由です。賢治が投げたボールを受け止った、その瞬間から読み手が新たな景色を補完し、自分の心に合致した形で完成させることが許されるのです。

宇宙飛行士の毛利衛《まもる》は、賢治の弟の清六氏に、『銀河鉄道の夜』を読んで宇宙への憧れを持ち、そして、実際に行った際には、目に映る景色があまりに賢治が描く通りで驚いたと語っていますが、それは、毛利さんが賢治のボールをしっかりと受け止め、自ら補完していた証でもあるのでしょう。

実は、私自身もずっと苦手でした。賢治の特徴のオノマトペも、単なる言葉遊びにしか思えません。それでも、『永訣の朝』を読んだ時の感動は、今でも鮮明です。あの詩には、死にゆく妹、トシへの深い愛情と最大の理解者を失う悲しみが不器用なまでに吐露されています。

その作品に見える不器用さは、賢治が他人にわかってもらおうとは思わない、孤高の表現者だったということとはいささか異なります。作品はほとんどが未発表でしたが、それでも雑誌などへの寄稿は多く、弟、清六に作品を託し、亡くなった後の出版社への持ち込みを頼んだりもしています。生前には、詩集『春と修羅』と童話『注文の多い料理店』の二冊を出版もしています。それも、父親に費用を出してもらった自費出版で…。ちなみに、彼自身が生前、原稿料をもらえたのは雑誌に寄稿した『雪渡り』で得た五円だけだったそうです。

ただ、『永訣の朝』も収められた『春と修羅』の序文で、「心象スケッチ」と述べているように、賢治の作品には**自身でもはっきりとは説明できない錯綜する思いが根底に流れており、文字にすることで自分に向き合おうとしていた気がする**のも確か。だからこそ、彼の作品に触れるということは、ある意味、**感性豊かで、自然や他者との共感性の中に生きた、宮沢賢治という一人の人間を知る営み**かもしれないと思うのです。

石っこ賢さんの生涯

宮沢賢治は一八九六年、岩手県花巻にて質・古着商を営む宮沢政次郎とイチの長男として生まれました。彼は貧しい農民の質草を預かるような商売を嫌い、進路に関しても父親との確執がありました。しかし実際には、自費出版をはじめ、豊かな実家の恩恵を多く受けていました。

また、花巻農学校で四年間、教師としても働いています。**教科書に重きを置かず自由に授業を進める人気の教師だった**そうです。さらに、法華経の熱心な信者として国柱会にも入会していました。浄土真宗の門徒であった父親への反発からという見方が一般的ですが、私は生きることへの手探りの選択だったと思っています。

また、賢治は幼い頃には「石っこ賢さん」と呼ばれるなど、鉱物はもちろん、自然に関しても科学的造詣が深く、その顔は実に多彩です。

それでも一番に目指したのは、何よりも農民の生活向上と農業生産のための指導の実践です。実際、彼が『農民芸術概論概要』に書いた**「世界がぜんたい幸福にならないうちは個人の幸福はあり得ない」**という一文が、賢治の根幹思想としてよく取り上げられてもいます。

そんな考えの賢治が農民の生活向上の活動拠点としたのが、一九二六年に設立した羅須地人《らすちじん》協会。ここでは、レコードコンサートなどの芸術活動にも力を入れました。彼が一番充実した生き方をしていた時期と言えます。残念ながら、わずか二年の活動期間でしたが…。賢治が肺炎で亡くなったのは一九三三年、三七歳の時でした。

余談ですが、クラシックを愛した賢治はたくさんの高価なレコードを持っていました。購入費用はやはり父親のサポート。また、コートの襟を立ててうつむき加減に畑に立つ彼の写真は、何と尊敬するベートーベンの写真を真似てポーズしたものだそうです。そこからは、『雨ニモマケズ』や『グスコーブドリの伝記』からイメージされる、**ひたむきなでストイックな姿とは異なる、どこか甘ったれで、かっこつけたがり屋の姿が浮かび上がってきます。**

作品に託した思い

宮沢賢治の作品の中で私が最も衝撃を受けたのは、『毒もみの好きな署長さん』という妙なタイトルの童話です。「毒もみ」とは山椒の木の皮などを川の中でもみ出し、その毒にやられて浮かんでくる魚を捕獲する方法。舞台となる町では、これは固く禁止されている行為なのですが、取り締まる役割の警察署長自身が実は「毒もみ」常習犯なのです。

衝撃はエピローグ。死刑になる署長は笑ってこう言います。「『ああ、面白かった。(中略)いよいよ今度は、地獄で毒もみをやるかな。』みんなはすっかり感服しました」。

この童話では、善悪を超えた人間の欲望が描かれています。しかも、周囲の人間はあきれ果てるのではなく、「すっかり感服」するのです。自分の欲望に潔いまでに忠実であることに…。全く道徳的ではありません。こんな童話があるのでしょうか。

ふと、与謝野晶子(140P)があまりにパターン化した勧善懲悪的童話しかない現実にうんざりし、わが子のために童話を書いたことを思い出しました。賢治も、「童話とは」「子どもとは」と決めつけられがちなイメージに戦いを挑んだのかもしれません。もっと言えば、果たして、「邪」「悪」「欲」などの陰の部分がない世界が理想なのか、と問いかけている感じさえします。

実際、彼は故郷、岩手の地を愛し、「イーハトーブ」と名付けましたが、彼の作品に登場する**「イーハトーブ」は、苦しみや悲しみに無縁の理想郷では決してありません。人間であるがゆえの喜び、悲しみ、怒りもあり、また、自然の脅威も間違いなく存在します。**ただ、それでも、そこでは自然も人間も共感し、共存しようと努力する存在でした。そして、それこそ賢治が夢見た世界なのではないでしょうか。

そういう視点で賢治の作品を読み返してみると、**彼の魅力は、感性の豊かさ以上に、すべてを肯定的に受け止める視線の温かさにあると、改めて感じます。そして、人間は一直線上ではなく、螺旋状に回転する人生を生きる存在なのだと教えられます。**

誠実に「雨ニモマケズ」、たとえ「デクノボウ」と呼ばれても、「世界がぜんたい幸福に」なるために懸命に生きようとする賢治がいる。一方で、やめられない、とめられない性《さが》などのマイナス面も、人間だから当然と肯定し、その存在を慈しむ賢治がいる。この対極に位置する二点が通る弧を螺旋状にもまれながらも上昇していくことが、人間として自然で、ある意味、望ましい生き方かもしれないとさえ彼は考えていた、そんなふうに思うのです。

Shima ● Hideo

島《しま》 秀《ひで》雄《お》

1901年5月20日〜1998年3月18日

世界に誇る新幹線をつくった男

新機軸の交通インフラ東海道新幹線

第二次世界大戦終了後、世界の交通は自動車や航空機中心の時代を迎えます。鉄道斜陽論が大手を振り、実際、アメリカでは線路がどんどん取り外され、ハイウェイ中心の自動車輸送に置き換えられていました。

そんな時代背景の中、画期的な新機軸の交通インフラとして東海道新幹線が登場します。時速二〇〇キロ、一編成に一三二三人の乗車が可能。しかも、山手線並みの頻発ダイヤ。**その斬新性ゆえに超高速鉄道システム自体が「シンカンセン」と世界で通称されるようになります。**

新幹線開通の翌年、フランスが「シンカンセン」構想を立ち上げ、イタリアでローマとミラノを結ぶ「シンカンセン」の建設が始まりました。さらにドイツ、中国、韓国でも…。**世界の高速鉄道はすべて日本の新幹線の息子と呼んでも過言ではないのです。**

そして、この新幹線の開発者が、当時の国鉄の技師長、島秀雄でした。島は一九二五年、鉄道省に入省し、あのD51、C62、C

51を設計し、「日本のSL黄金時代」を築いた人物でもあります。

実は、一九三九年に鉄道省は国策として、東京〜下関間を九時間で結ぶ、弾丸列車の構想を打ち上げていました。全線踏切なし、広軌道、時速一五〇キロ。将来的には東京〜大阪間を時速二〇〇キロ、三時間半で結ぶ大構想です。この計画の中心人物が島安次郎、島秀雄の実父です。

ところが、戦局の悪化で計画は立ち消え、安次郎は失意のまま国鉄を去ることになりました。

島自身も、戦後、電車火災で多数の死傷者を出した桜木町事故で退職します。国鉄内部の責任のなすりあいに嫌気がさしたのです。一九五一年、まだ五〇歳の時でした。

ムカデ方式による交通革命

一九五五年夏、住友金属の取締役に就いていた島秀雄は、第四代国鉄総裁に就任したばかりの十河信二《そごうしんじ》に国鉄に戻るよう説得されます。「親父さんの弔い合戦をやらんか」という言葉で….。

そして、国鉄副総裁格の技師長として、新幹線開発をスタートさせるのです。

島にはアイデアがありました。その構想が広軌道と電車列車方式。広軌道は誰でも理解できますが、電車列車方式とは…?

当時の長距離列車は、先頭の機関車が、動力を持たない客車を牽引する方式。機関車の重量が桁外れに重く、スピードを求めれば尚更です。線路や鉄橋の建設コストは高くなります。

一方、島が考える電車列車は、それぞれの客車が動力を持つ動力分散方式。連携して動くムカデの足のイメージです。これでエネルギーコストも低く抑えられます。また、回生ブレーキを使うことで、制動により大量の電気を取り出すことができます。しかも、**車両も軽くなります。大量輸送も可能です。そうして、過密ダイヤが可能になったのです。**

もちろん、問題もありました。モーターが車軸に直接つながっていたため、振動と音が大きく、不快感を与えるのです。が、モーターの中心をくり貫く、中空軸モーターで解決されます。

このような技術的成功の要因は、何と言っても島が戦後、かつて零戦などの戦闘機開発に従事した経験豊かな技術者を鉄道技術研究所に集め、組織したことにありました。中空軸モーターの開発も、そのメンバーによるものです。では、自分のプロジェクトに必要な人材の確保はどうしたのか、さらにどう組織し、どう協働作業を進めたのか、

私見を言えば、根底を流れるものを一致させることだと思っています。あの新幹線の美しい流線型のデザインも、蒸気機関車開発時代からの、**「合理的なメカニズムは美しくなければいけない」という島の技術哲学と零戦開発チームの美学が一致したからこそ誕生したのです。**

目的が共有されたがゆえに

世界に誇る新幹線の誕生は島秀雄なくしては考えられませんが、しかし、陰の立役者は第四

代国鉄総裁の十河信二かもしれません。十河はまさに怪物でした。彼は島を副総裁格で迎えると、ついで国鉄北海道支社長で土木エンジニアのプロ、大石重成《おおいししげなり》を調査室長として引き抜きます。実はこの人事、大石にとっては格下げ。しかし、それにもかかわらず、大石は十河の意気に感じ、喜んで応じたのです。人を活かすには、リーダーの熱も不可欠ということでしょう。

ただ、当時、膨大な赤字を抱える国鉄にとって、課題はそのコストでした。大石の計算では約三〇〇〇億円。十河は、「国会を通すためには半分にしてくれ。そうすれば、後は俺が何とかする」と請け負います。総工事費一九七二億円で新幹線建設が可決されたのは、一九五九年三月三〇日のことでした。

では、膨大な不足分はどうしたのか。十河は何と世界銀行から借款《しゃっかん》します。一内閣の期間内では実現できないと予想した十河は、政府に事業完成義務が生じる、世界銀行からの借款という方法を選択したのです。そして、一九六一年五月二日、借款が正式に調印されました。

しかし、それでもまだ資金は不足です。十河は政治家たちの「地元に鉄道を敷きたい」という要望をすべてはねつけ、新幹線建設に予算を集中させます。十河の二期八年に及ぶ、がむしゃらなまでの総裁としての頑張りがあってこそ、新幹線は誕生したのです。結果、多くの敵もつくります。十河ほど、組織内と政界に敵をつくった歴代国鉄総裁はいないでしょう。

さて、この十河信二と島秀雄の名コンビの性格は正反対でした。十河は強力に後続の車両群を引っ張る重機関車。部下を大声で叱咤激励し、先頭を突っ走り、「橋がなくても渡ってしまえ」という意志の人です。一方、島は「石橋を叩いて渡る」慎重派。だからこそ、「未経験の技術は原則、使わない」方針を貫き通します。ある時、島は「新幹線は未経験の新技術は使っていない。すべて国鉄在来線や私鉄（小田急電鉄）で経験済みの技術を集積したに過ぎない」と語りますが、謙遜ではありません。「だから絶対に安全」と言い切っているのです。

二人は互いに絶対的な信頼を置き、心から尊敬し合っていました。性格が異なるメンバーであろうと、目的意識を共有できれば事は成るということでしょうか。もっと言えば、**異質の者が組織にいること、それ自体に価値があり、その異質さを認め合いながらも目的意識を共有することと、その上で多面的なアプローチをすることが、どんなチーム、どんなプロジェクトにおいても成功の鍵ということ**でしょうか。

一九六四年一〇月一日東京駅一九番ホーム、ひかり第一号列車の出発式典が行われました。ここに二人の姿はありませんでした。敵の多かった十河は再任されず、島は十河と行動を共にしていたのです。自らの栄光を求めたわけではなかった二人は、自宅のテレビで静かに式典を眺めていました。

東京駅新幹線中央乗換口には、**「この鉄道は日本国民の叡智と努力によって完成された」**と記された記念碑が建っています。

Saijyo ● Yaso

西條八十《さいじょうやそ》

1892年1月15日～1970年8月12日

大衆を魅了した異能の作家

マルチ人間

私の好きな歌の作詞家の一人に西條八十がいます。八十は戦前から戦中、戦後、高度成長期まで約五〇年にわたって活躍した作詞家。『かなりや』『肩たたき』『東京音頭』『同期の桜』『支那の夜』『青い山脈』『越後獅子の歌』『トンコ節』『王将』など、ヒットソングを量産したのです。その数は三〇〇〇曲とも…。

八十は作詞家以外の顔も持っていました。童話作家にして、フランス文学研究者。留学したソルボンヌ大学ではポール・ヴァレリーらとも交流しています。二〇年以上も早稲田大学仏文科の教授を務め、アルチュール・ランボーの研究者としては日本の第一人者でもあります。また、象徴派純粋詩の詩人としての名声も博していました。

彼は一八九二年、東京牛込に生まれます。石鹸製造と輸入を行う商家の二男。父親の残した資産は土地だけで大久保に一万坪、西大久保に三〇〇〇坪もあったそうです。早大英文科入学後は、フランス語の勉強も始め、『早稲田文学』や『南国』に詩も発表します。

彼の運命が劇的に変わるのが一九一四年。兄が西條家の全財産を持ち出し、芸者と駆け落ちしたのです。二二歳の八十が老母と妹と弟を養う羽目になります。ただ、世の中は第一次世界大戦の世界的バブル景気。八十は株式投機で、現在の価格にすれば、約一〇億円という利益を手にします。ただ、あっという間に大暴落し、手元にはわずかしか残らなかったそうです。

この頃、児童雑誌『赤い鳥』の鈴木三重吉は、八十に教訓的な文部省唱歌とは一線を画す作品を依頼してきます。それに応えたのが、「唄を忘れた金糸雀《かなりや》は　後ろの山に捨てましょか♪」という、どこかもの悲しさもある「かなりや」でした。これが、我が国最初の曲のついた童謡として三〇万枚の大ヒットを記録したのです。

流行歌だけでなく校歌や社歌も

早大仏文科教授時代、八十は流行歌の作詞を始めます。きっかけは、ある雑誌に発表した「当世銀座節」という俗歌。中山晋平が作曲したいと申し出てきたこの歌が「東京行進曲」になり、三五万枚の大ヒットに。ただし、「風俗を乱す」と発売禁止の憂き目に遭いますが…。

映画『愛染かつら』の主題歌「旅の夜風」では、「花も嵐も踏み越えて行くが男の生きる道♪」という歌詞が大衆の心には深く染み込みます。当時、池田勇人総理は、呑むと必ず、この曲の

「月の比叡を独り行く♪」のフレーズを万感込めて歌っていたそうです。

八十は軍歌も多く作詞しています。特に、『戦友の唄』（同期の桜）は人々を鼓舞する力がありました。また、戦地でよく歌われた『誰か故郷を想わざる』、哀感溢れるこの歌は、まさに兵隊たちの心そのものでした。

蛇足ですが、戦後、八十は戦犯として絞首刑を覚悟していました。軍歌の一つ、『比島《フイリッピン》決戦の歌』で「いざ来い　ニミッツ（海軍元帥）、マッカーサー（陸軍元帥）出て来りゃ地獄へ逆落とし♪」と作詞し、しかも、その文言が丸ビルや有楽町駅前で垂れ幕にさえなっていたからです。無論、そんなことを占領軍は問題にしませんでした。ただ、軍部からの強い要請があったとはいえ、八十自身にも、教え子が出征していく中、開戦したからには勝たなくてはならないという思いがあったのだろうと、私は思っています。

彼は横浜市立大学など、小・中・高と多くの校歌、また社歌も作詞しています。三越の担当者は依頼時に「『ゲイシャ・ワルツ』みたいに品のないのは困る」と、それが八十の作詞だと知らずに失言し、彼の怒りに触れたこともありましたが、他にもトヨタ、森永、講談社、コロムビア、官庁の東京税関など、枚挙に暇《いとま》がありません。

八十が偉大な点は人材も残していること。彼がいなければ、野口雨情《うじょう》も金子みすゞ（165P）もサトウ・ハチローも見出されることはありませんでした。特に、金子みすゞは実際に八十と言葉を交わしたのは、生涯にたった一度、下関駅でのわずか五分間にもかかわらず、彼から大きな影響を受け、自信を持って感性豊かな詩を編んでいったのです。

職業上の意地と哀愁を重ねた

八十ほど酷評され続けた詩人はいません。中野重治からは「異形的幇間《ほうかん》詩人」となじられ、萩原朔太郎からは、「ありぁ、詩じゃなくて商品だ」とそしられます。また、八十の自宅近くに早大の学生運動拠点があったため、夜毎、「詩《うた》を忘れた八十さんは、野球のバッドでぶち殺せ♪」と蛮声で歌われます。戦後になっても、純粋詩の大家からは、「その作詞能力をフルに活用して時流に乗り、金を儲けたインテリ詩人」と皮肉られ、朝日新聞からは、「大衆あまやかしの名人」「底浅い近代文明の投影」と指弾されるのです。

根底には嫉妬もありました。八十は『砂金』という純粋詩の詩集も自費出版していますが、表紙は羊皮で天金仕上げのこの豪華な詩集は一八版を重ねるほどの売れ行きでした。その上、作詞家の収入もあり、長者番付の常連となっていたのです。

ただ、**八十が目指していたのは、あくまでも大衆のための仕事や人情の温もりを大切にすること、**それだけでした。その原点は、関東大震災で上野の山に逃げてきた人々が、少年の吹くハーモニカによって緊張や不安を消していくのを目にしたこと。彼は歌の持つ力や社会的意義を実感したのです。また、驚くことに彼は糊口《ここう》を凌《しの》ぐため天ぷら屋を営んでいたことがあったのですが、ある日、貧しい労働者が新聞配達の少年に天丼を奢る姿を目にします。そして、その人情こそ庶民の本当の姿であり、詩そのものだと確信するのです。

ただ、目指すべきものが明確だったとしても、批判に超然としていられたのはなぜでしょうか。日本の詩文学は結局、西欧を後追いするインテリの自己満足に過ぎないと見抜いていたからでしょうか。私はそれ以上に、**彼自身が、大衆が求める言葉を探し、時代に寄り添う意味や価値を知っていたからだと思うのです。**

考えてみれば、流行歌は時代そのものです。裏返せば、時代を認められない者に、人々の心に溶けていく言葉は紡ぎ出せないということです。そして、時代を認めるには、自らの根底に、純粋詩から、「あなたのリードで島田もゆれる♪」と歌う『ゲイシャ・ワルツ』のような流行歌までを生み出せる、八十のような振り幅の大きさが不可欠なのかもしれません。

一九六一年発売の『王将』は晩年の作品です。それまでの最高記録は、春日八郎の『お富さん』の一二五万枚でしたが、それをあっさりと抜き、最終的には三〇〇万枚の大ヒットになります。「吹けば飛ぶような〇〇に　賭けた命を♪」の〇〇に、大衆は自身の職業上の意地と哀愁を重ね合わせたのです。と同時に、それは純粋詩よりも、**当時、一段と低いと見なされていた流行歌の作詞の世界に飛び込んだ、八十自身の心意気であった**と言われています。享年、七八歳。

Coco ● Chanel

ココ・シャネル

1883年8月19日〜1971年1月10日,

皆殺しの天使と呼ばれた時代の改革者

シンプルで着心地がよく、無駄がない

誰もが知るデザイナー、ココ・シャネル。この名は実は愛称。本名はガブリエル・シャネル。後年、伝記作家から「皆殺しの天使」と名付けられたように、**シャネルはそれまでのファッションの常識や価値観を、いささかの躊躇も見せず完膚なきまでに破壊、一掃していきます。**コルセットで締め上げた細いウエストなど、男性の視線重視のファッションが主流の時代にあって、あくまで、「シンプルで着心地がよく、無駄がない」ことを目指したのです。

彼女はジャージー素材の服、シンプルなブラックワンピース、マリンルック、パンツスタイル、ツィードスーツ等々を次々に世に送り出します。さらにはイミテーション・ジュエリーやシャネルバッグも…。

そして、究極のアクセサリーとしたのが香りでした。かくして生まれたのが、「シャネルN°5」。マリリン・モンローも愛用した香水です。つまり、シャネルが目指したのは、女性を美しく飾り、それでいて解放する、トータルファッションの創造だったの

でしょう。

自立した女性の象徴

ココ・シャネルは一八八三年、フランスのロワール川沿いの町、ソーミュールに行商人の娘として生まれます。五人兄弟でした。母親は彼女が一二歳の時に病死。父親は彼女を一つ上の姉と一緒に孤児院に預けます。シャネルが裁縫を覚えたのはこの孤児院でした。彼女自身、「私は私の人生をつくり上げた。なぜなら、気に入らなかったからだ」と語るように、出自に対しては多くの嘘も厭《いと》いませんでした。かけがえのない存在になりたいと願うシャネルにとって、親に捨てられた事実を認めることは自尊心が許さなかったのでしょう。

一八歳で孤児院を出たシャネルは、カフェで歌手として働きます。その時、上流階級のエチエンヌ・バルサンと知り合い、彼の屋敷での生活を始めます。ただ、シャネルの凄さは、自立して生きることを常に模索し、パリに帽子屋をオープンさせたこと。バルサンの援助があってのことですが、彼女のつくった帽子は大評判になります。

ところが、女性が働くことに懐疑的だったバルサンは、さらなる出店への援助は断ります。そこで、彼女はバルサンの友人のアーサー・カペルの力を借り、次の帽子店やさらにはブティックも成功させます。そして、次にシャネルが目指したのがオートクチュールの店でした。常時、六〇人ものお針子が働くアトリエ（作業場）を併設したこの店も大成功を収め、シャネルはデザイナーとして不動の地位を築いていきます。

実はカペルは、生涯独身を通したシャネルが結婚を願った唯一の男性でした。あの「C」を背中合わせにしたシャネルのロゴマークは、二人の頭文字を組み合わせたと言われているほど。しかし、カペルは貴族階級の女性と結婚、しかも、事故死してしまいます。

その後もシャネルは多くの男性と浮名を流します。ロシアの亡命貴族、詩人、イラストレーターなどなど…。その中でひときわ豪華な相手は、イギリス名門貴族でヨーロッパ一の大富豪、ウェストミンスター公爵。その交際は彼女が四〇歳から六年にも及びますが、プロポーズに対しては、「ウェストミンスター公爵夫人は数多く存在しても、ガブリエル・シャネルはただ一人」と、こう言って断ります。ただし、実はこれ、メディアによる創作。**裏返せば、それほどシャネルは自立した女性の象徴だった**わけです。

私はスタイルをつくり出した

イギリスの文学者バーナード・ショーは、「二〇世紀最大の女性は、キューリー夫人とシャネルだ」と評し、彼女の長年の友人、パブロ・ピカソは「ヨーロッパで最もセンスのある女」と述べているように、シャネルのデザイナーとしての、あるいは実業家としての才能は改めて述べるまでもないことです。全盛期には四〇〇〇人の従業員がいたほどです。

そんなシャネルの人生で私が一番感銘するのは、晩年の復活劇。彼女は第二次世界大戦が始まるや否や、「デザイナー活動を休止し、戦後も店を再開することはありませんでした。戦時中、ドイツ人の愛人がいた彼女は、ナチス協力者というレッテルを貼られたのです。結果、スイスでの隠遁《いんとん》生活を余儀なくされます。実際、パリ解放時には尋問も受けています。その際、彼女を救ったのが、ウェストミンスター公爵の紹介で友人となっていたチャーチル首相の、「シャネルは大胆かもしれないが、国益に反したことは一度もない」という言葉だと言われています。

一五年の沈黙後、七一歳のシャネルはパリに戻り、カムバックを目論見ます。その活力の源は何だったのでしょうか。

一説には、女性らしさ満載のクリスチャン・ディオールの「ニュールック」に我慢がならなかったからとも言われますが、それ以上に、自ら働くこと、単にそれを望んだ気がします。彼女にとって働くことは、自身の存在証明そのものだったのでしょう。

一九五四年のカムバックコレクションは、「シャネルの時代は終わった」とフランスメディアから酷評されます。ところが、**『LIFE』誌などのアメリカメディアだけが、女性の社会進出が進む新しい時代にマッチすると支持したことで、フランスメディアの評価も一転。シャネルは完全復活を果たすのです。**有名なシャネルスーツは、何と七三歳の時の作品です。そして、一九七一年一月一〇日、自宅としていたホテル・リッツの一室で八七歳で息を引き取るその前日まで、シャネルはアトリエで待ち針を片手に働き続けるのです。

シャネルの人生を俯瞰すると、**彼女が自由への憧れと情熱を胸に時代さえ切り拓いた姿が浮かび上がります。もちろん、彼女には豊かな才能と経営センス、さらには恵まれた容姿もありました。しかし、それに甘えることはありません**でした。だからこそ、「モード（流行）ではなく、私はスタイルをつくり出した」と語るように、一時に終わる美しさではなく、自立し、自分の指針に従って生きる、勇気ある女性の生き方も提唱できたのです。

また、**彼女はデザインがコピーされることも、愛と称賛を受け取ることと考え、全く気にしなかった**そうですが、それも、新しい価値観を創造し、時代そのものを改革していこうとしていたからではないでしょうか。

蛇足になりますが、シャネルは傲慢で、常に自己中心的だったと言われています。実際、それゆえに失敗したこともありました。五三歳の時の彼女の店で起きたストライキでは、あれほど時代を読むことのできたシャネルが、職場の環境改善、賃上げ、組合設立などの当然の要求への対応を誤るのです。「自分は人の何倍も頑張って働いてきた」という自負に縛られていた結果です。一代で世界有数のファッションブランドを築き上げた人間ですら、この思いの呪縛から逃れるのは難しいということかもしれません。

Kaneko ● Misuzu

金子《かねこ》みすゞ《みすず》

1903年4月11日～1930年3月10日

甦った若き童謡詩人の巨星

時代に求められて

誰もがよく知るフレーズに、金子みすゞの「みんなちがって、みんないい。」(『私と小鳥と鈴と』)があります。しかし、実は、金子みすゞは長い間、幻の童謡詩人、忘れられた存在でした。そんな彼女が、ヨハネ・パウロ二世ローマ教皇の「そうして、そうして神様は、／小っちゃな蜂の中に。」で結ばれる『蜂と神様』という詩に涙したというエピソードがあるほどの存在になったのは、**児童文学作家であり、詩人である矢崎節夫《やざきせつお》の感性と不屈の努力があってこそ**…でした。

彼女が亡くなってから三六年後の一九六六年、当時、早稲田大学の学生であった矢崎は、『日本童謡集』にたった一編収められていたみすゞの「朝焼小焼だ／大漁だ／大羽鰯《おおばいわし》の／大漁だ。／浜は祭りの／ようだけど、／海のなかでは／何万の、／鰯のとむらい／するだろう。」という詩、『大漁』に出会い、「この詩人の作品を読みたい」という思いから、みすゞを探し始めます。

ところが、捜索は難航。出生地さえわかりません。やっとみすゞの実弟、正祐《まさすけ》氏に辿り着いたのは、一六年後一九八二年のことでした。矢崎の熱意を知った正祐氏は、みすゞが自分に遺した、『美しい町』『空のかあさま』『さみしい王女』という、手書きで手づくりの三冊の遺稿集を矢崎氏に託します。翌々年、彼女の五一二編の全詩が収められた『金子みすゞ全集』が出版されることに…。そして、朝日新聞などのメディアに取り上げられると、彼女は時代の寵児となり、その童謡詩は新たな命を生き始めます。

矢崎の熱意があってこその復活でしたが、矢崎自身はこう捉えています。「二一世紀にとって必要だから甦った」と…。彼女の復活は必然だというのです。確かに、東日本大震災の後、盛んにテレビCMで流された『こだまでしょうか』を思い出すと、**彼女の詩は人々の心が乾き切ってしまいそうな時にこそ、より求められ、人々を救ってくれる**のだと感じます。

その生涯と死

金子みすゞ、本名、金子テルは一九〇三年、山口県仙崎村（現長門市）に三人兄弟の真ん中に生まれます。しかし、弟、正祐氏は幼い時、父親が亡くなると、母親の妹の嫁ぎ先、下関の上山《うえやま》家に養子に出されます。

みすゞは小学校ではずっと級長でした。優秀で、クラスの誰からも慕われるほど優しい一方で、進学した大津高等女学校までの四キロの道を、自分の時間を大切にしたいがために一人で通うような、精神的に自立した少女でもありました。女学校卒業後は家業の本屋、金子文英堂で働きます。大好きな本に囲まれ、姉とは知らない正祐氏が頻繁に遊びに来て、文学や音楽について語り合ったこの時期が、彼女の人生で最も心穏やかな日々でした。

当時は、いわゆる大正デモクラシーの時代です。文学界でも、一九一八年に鈴木三重吉が雑誌『赤い鳥』を創刊。翌年には『金の星』、翌々年には『童話』が発刊され、北原白秋、野口雨情《うじょう》、西條八十（155P）らがそれぞれの雑誌に新しい童謡、要は子どもにも読める言葉で書かれた詩を発表する一方で、投稿者たちを指導していました。

やがて、みすゞは弟が養子となり、さらに母親が後妻に入った下関の上山文英堂書店で働き始めます。そして、実母を「奥様」、弟を「坊ちゃん」と呼ぶことを余儀なくされる生活の中ではありましたが、自分なりの宗教観、哲学観、世界観を育んでいきます。

そんな彼女が、二〇歳の時に童謡詩を『童話』や『婦人倶楽部』などの雑誌に投稿し始めると、選者の西條八十からは、「若き童謡詩人の巨星」とも認められ、人気を呼びます。ところが、八十はフランスへ留学。さらに、投稿していた雑誌自体が廃刊になるという時代の流れの中で、彼女は羽ばたく翼も空も失っていくのでした。

みすゞは一九三〇年、二六歳で睡眠薬自殺をします。原因は、夫からうつされた淋病で体調がすぐれず、離婚した夫からの「娘を渡せ」という要求に抗議して…と言われています。当時、親権は父親にあったのです。

みすゞの自死は、強固な決意によるものでした。前日、彼女は写真館で肖像写真を撮ってい ます。写真の彼女は、わずか五分たらずの時間でしたが、一九二七年に下関駅で会った西條八十が「黒曜石のよう」とたとえた、深く輝く瞳でレンズをしっかりと見つめています。その瞳からは、一人の女性詩人の矜持が感じられます。一見すると、彼女は結婚も義父に言われたから、夫に詩作を禁じられれば、それに従うなど、従順な女性にも見えますが、**心は誰にも支配されない、自分だけのものだと訴えている**感じさえするのです。

みすゞが最後まで綴っていたのは、幼い三歳の娘が発する片言を記した「南京玉」と名付けられた手帳です。最後の日付は死の一カ月前でした。「われまたものうき事多くして、一語たりとも録せざる日多し」。母親であると同時に、詩人でありたいと願う彼女が、愛するわが子の言葉も記せなくなった時、選ぶべき道は決まったのかもしれません。

風土の中で育まれた感性

みすゞの作品で、私が一番好きなのは、「上の雪／さむかろな。／つめたい月がさしていて。／下の雪／重かろな。／何百人ものせていて。／中の雪／さみしかろな。／空も地面《じべた》もみえないで。」という『積もった雪』。初めて読んだ時、その視点に驚かされました。誰が「中の雪」

の「さみしさ」を慮《おもんぱか》ることができるのでしょうか。西條八十の、「イマジネーションの飛躍がある」という評に違わず、**彼女の詩は子どもでも理解できる易しい言葉で紡がれながら、読み手の予想をはるかに超える飛躍を示し、その上で誰もが共感できる地点に着地するのです。**

　では、彼女の感性は何によって育まれたのでしょうか。

　二〇一九年の師走、彼女が生まれ育った仙崎を訪ねました。日本海に面した小さな漁師町。海から吹きつける北風は厳しいのですが、瓦屋根の家が海岸線まで迫り、銀色に光る波が打ち寄せる景色は、みすゞが「龍宮みたいに浮かんでいる」と形容した通り、すべてのものに寄り添っている印象さえ与えます。仙崎に来て、この風土があってこそみすゞの感性は開花したのだと実感しました。そして、子どもたちに自分の生まれ育った風土を見つめ直す機会を与える大切さを改めて感じ、そのためにはどうすべきなのか、そんなことを考えたりもしました。

　金子みすゞは過去の人ではありません。宇宙物理学者、佐治《さじ》晴夫《はるお》が、「これからの科学はみすゞのような感性がなければ一歩も先に進めない」と語るように、「AIの時代」とも称される現代だからこそ、みすゞが必要とされる気がします。そして、それは国境を超えて…。

　みすゞの詩は英語、独語、仏語をはじめ、ヒンズー語やネパール語など、一一カ国語に訳されています。**小さなもの、力の弱いもの、気づかれないもの、忘れられがちなものにフォーカスするみすゞの言葉は、時空を超えて触れる者の背中を押してくれる**、そう私は感じています。

Kano ● Jigoro

嘉《か》納《のう》治《じ》五《ご》郎《ろう》

1860年12月10日～1938年5月4日

柔術からＪＵＤＯへ

世界の柔道の創始者

現在、世界の柔道人口は約二〇〇〇万人と言われています。実際、ＩＪＦ（国際柔道連盟）加盟国は国連より多い二六四カ国にも及んでいます。そして、その規約第一条には、「国際柔道連盟は嘉納治五郎により創設されたものを柔道（ＪＵＤＯ）と認める」とあります。

嘉納治五郎は一八六〇年、江戸時代終焉の兆しの中、兵庫県に生まれました。嘉納は頭脳明晰な少年でしたが、身体が小さかったため、からかいの対象になることもありました。嘉納がたくましい身体に憧れを持ち、柔術に惹かれたきっかけです。

東大に入学後は、哲学、政治学、経済学を専攻し、卒業後はさらに哲学専科に進み、審美学も履修しています。この時に、中村正直から東洋思想を、アーネスト・フェノロサからは西洋哲学を学んでもいます。嘉納は広い視野を身につけた教養人であったのです。そして、大学に通いながら、天神真揚流《てんじんしんようりゅう》の福田八之助から柔術を教わり、身体を鍛えてもいました。

東大卒業後、嘉納は学習院に教師として赴任すると同時に、わずか六人の弟子を引き連れて東京下谷区稲荷町に講道館を開設します。講道館柔道の誕生です。それから**一〇〇年足らずの間に、講道館柔道は世界中に広がるのですが、これは他のスポーツでは類を見ない、まさに奇跡の広がりです。**嘉納の努力が並大抵のものではなかったことは、容易に想像できます。

現在では知る人も少なくなりましたが、大正・昭和のベストセラーで、黒澤明監督らによって何度も映画化された小説に、富田常雄の『姿三四郎』があります。講道館の四天王の一人、西郷四郎をモデルにしたと言われている小説です。その作品の中では嘉納も四天王の師匠、矢野正五郎として登場しています。つまり、時代遅れと思われ人気も陰りがちであり、ただ流派だけは数多く存在し、それぞれの良さがあった柔術を、**嘉納は小説にもなるような、この時代の人気スポーツ、「柔道」としてまとめ上げたのです。**

途切れることなき後継者

嘉納はアイデアマンでもありました。嘉納が柔術を「柔道」として統一できた要因は二つだと指摘されています。その一つが段位制の導入。嘉納はそれまで囲碁や将棋にあった段位を柔道にも取り入れ、取り組むすべての者の励みとしました。

二つ目にして最大の要因は全国大会の開催です。実は、嘉納は学習院教頭、熊本第五高等学校長、東京高等師範学校長を歴任しましたが、そのすべての学校に柔道部を創設しています。そうして柔道の普及に努め、全国学生柔道大会、社会人全国柔道大会を開催したのです。

考えるまでもなく、大会の出場チームの指導者の多くは、講道館出身や関係者です。しかも、社会人大会も開催されると、企業も当然、支援だけにとどまらず、選手の採用も積極的にします。嘉納は、全国大会の開催によって、そういう構図さえもつくり上げたのです。

こうして、講道館柔道は日本国内で大きく発展していきます。と同時に、海外でも急速に普及・発展していきました。日本の講道館で学んだ柔道関係者が帰国し、地元でクラブや警察の指導者となり、多くの柔道愛好家を育成したからです。

また、日本から積極的に指導者を海外に派遣したことも大きな力となりました。かつては日本のお家芸も、現在では世界の柔道として格闘技の主流をなしています。世界最古の格闘技とも言われるレスリングが、オリンピックで競技としては存続の危機にある今、においてです。

では、嘉納治五郎の教育者としての最大の業績とは何なのでしょうか。

私は、連綿と続く、途切れることない後継者を育成できたことだと思っています。嘉納には、「姿三四郎」のモデルとなった西郷四郎以外にも、「出藍の弟子」と呼ばれる多くの門弟がいました。そして、彼らがさらに優秀な弟子を育てました。**この教育の継続が実は非常に難しい。直接教えられない、次の次の世代の弟子には、なかなか創始者の考えを徹底できないからです。**

だからこそ、それができた時、その組織は永遠の命を授かるのです。もちろん、組織が永遠に生き続けるためには、時代に適した柔軟さも不可欠。嘉納は、それまでをも伝えられたのではないでしょうか。

国際性豊かな国民的指導者

嘉納治五郎と言えば講道館、講道館と言えば柔道というように、嘉納の名は柔道家として世界に知られています。しかし、実は、嘉納は柔道以外でも数多くの功績を残し、各界のその後の発展に多大な影響を与えた国民的指導者でもありました。

その功績の第一は、国民体育への貢献です。彼は日本スポーツ協会の基になる、大日本体育協会の創設者であり、初代会長でした。「生涯スポーツ」の重要性が謳《うた》われて久しくなりましたが、そういう考え方自体、嘉納によって生み出されたものです。しかも、当時、嘉納の提唱した、「スポーツを通し、身体の壮健、品位の向上（スポーツマンシップ）を図る」ことは、現在においても目標とされています。

嘉納は海外事情にも詳しく、友人も多い国際人でした。クーベルタン男爵とも親交があり、一九〇九年、アジアから選ばれた最初の国際オリンピック委員でもありました。日本がオリンピックに初参加する第五回ストックホルム大会の実現に努めたのも嘉納だったのです。

また、この頃、嘉納は外国人留学生の受け入れを提言しています。一八九六年、神田に彼が開いた亦楽書院《えきらくしょいん》（一九〇一年に牛込に移住し、弘文学院と改称）は、清国から一三名の国費留学生を受け入れました。これが我が国最初の留学生受け入れであり、このことが日中友好の魁《さきがけ》にもなりました。中学校の国語教科書に五〇年以上掲載されている『故郷』の作者、魯迅《ろじん》も仙台に移る前の二年間、弘文学院で学んでいます。

嘉納の考え方の基本となるのが、「自他共栄」です。これは融和協調して共に栄えることの大切さを訴えたもの。しかし、時代的な背景もあり、この考え方は軍の若手将校から強く反発され、圧力がかかります。それでも、嘉納が信念を曲げることはありませんでした。

嘉納は、第五回ストックホルム大会に参加後、東京オリンピック招致に情熱を傾けます。一九四〇年のアジア最初のオリンピック開催に向け、老骨に鞭打ち、世界中を駆け巡ったのです。そして見事、東京招致に成功します。

ところが、喜びも束の間。東京オリンピックは第二次世界大戦のために中止になります。自ら参加した中止決定の会議の帰路、氷川丸船上でその生涯を終えました。享年、七七歳でした。

一見、失意のうちの最期のようにも感じられます。しかし、私は教育者として、改革者として夢を追い求め、「人に勝つより自分に勝て」と言い続けた男には、失意どころか、きっと次の夢もアイデアも湧いてきていたのではないか、そう信じているのです。

Donald ● Keene

ドナルド・キーン

1922年6月18日〜2019年2月24日

日本文化を世界に紹介した日本学者

『古事記』『万葉集』を解説して翻訳

二〇一九年二月、ドナルド・キーンが九六年の生涯を閉じました。キーンは日本文学はもとより、能や文楽などの日本文化を西欧に初めて紹介した、日本学の大家。菊池寛賞、読売文学賞など多くの賞を受賞したばかりか、二〇〇二年には文化功労者に選出され、二〇〇八年には文化勲章を受章しています。また、コロンビア大学の名誉教授でもあります。

興味深い彼の業績の一つが、一九六〇年代にノーベル賞の日本人文学者選考に関わっていたこと。ノーベル財団が公開した選考資料によると、E・G・サイデンステッカー（川端康成『雪国』の翻訳者）と共に参考意見を求められたのです。三島由紀夫と親しかったキーンでしたが、三島には将来があると考え、川端を推したそうです。その明暗が、共に二人の自殺の遠因になったと言われていることを思うと、感慨深いものがあります。

一九世紀の印象派の画家によってブームに火がついたジャポニズムは、所詮、西欧人の視点での評価に過ぎません。キーンの紹介によって初めて、文学、古典芸能、演劇、映画など、幅広い日本文化への正しい理解が浸透し、その結果、評価も高まっていったのです。

無論、キーンにとって、日本文学、とりわけ古典の翻訳は一筋縄ではいかないほど難解なものでした。それでも草書までも読みこなす彼は、なんと『古事記』『万葉集』や芭蕉の作品等を、自ら解説できるまで読み込み、翻訳したのです。自伝の中の彼の言葉を借りれば、「宣教師として日本文化という宗教を海外に広めたい」という覚悟があればこそ、可能なことでした。

キーンの目には、**「日本人ははかなく滅びるものにも愛情と悲しみの情を注ぐ。その背後には禅宗の影響があるが、それが移ろいやすいこの国の自然と相まって日本人のわび・さびの根本になる」**と映ります。これだけ日本文化、日本人の美意識を理解した研究者は他に類を見ないのではないでしょうか。

学びの天才、人間関係づくりの名人

ドナルド・キーンは一九二二年、ニューヨークに生まれます。両親の離婚により、経済的には極めて困難な状況に陥るキーンですが、稀に見る秀才だった彼は飛び級し、なんと一六歳でコロンビア大学文学部に奨学金つきで入学します。外国語への興味が強かった彼が、同級生の中国人学生と親しくなり、中国語、特に漢字に興味を持つようになったのもこの頃です。

一九四〇年、古本屋でわずか四九セントという、安価さだけに惹かれて購入したアーサー・ウェイリー訳の『源氏物語』の世界観に感動し、漢字学習の延長で日本語も学び始めます。同時期、大学では日本思想史を学びます。受講生はキーンただ一人だったそうです。

一九四一年、太平洋戦争が勃発すると、キーンはアメリカ海軍の日本語学校に入学し、首席で卒業。情報将校として、太平洋戦線では日本語通訳官として捕虜に接します。一九四五年には沖縄戦にも従軍。**戦争の悲惨さを目の当たりにし、強い反戦思想を身につけるのでした。**

復員後はコロンビア大学大学院に進み、修士号を取得。同年、ハーバード大学に移ります。当時、日本史の助教授であった後の日本大使Ｅ・Ｏ・ライシャワーとはここで親しくなります。キーンの生涯のポリシー「一般大衆のために書く」は、ライシャワーのアドバイスでした。

軍隊勤務によって三年間のハーバード大学の費用が保障されていたキーンは、その期限が迫ると、今度はヘンリー奨学金を受け、五年間、英国のケンブリッジ大学へ。ここでも人間関係構築の名人であるキーンの能力が全面的に発揮されます。著名な哲学者バートランド・ラッセルと飲み友達となり、ケンブリッジ大学の講師に引き立てられるのです。この頃、彼に日本文学の目を見開かせたアーサー・ウェイリーとも親しくなります。

一九五三年、フォード財団からの支援で京都大学大学院に留学。東山の純和風の下宿に暮らし、**文机で勉強し、一切洋食は口にしなかったほど、徹底的に日本人の心に迫ろうとします。**

そしてここで、生涯の友となる、教育学者であり、後の文部大臣でもある永井道雄に出会い、彼の紹介で後の中央公論社長の嶋中鵬二《しまなかほうじ》とも知り合うのでした。

キーンは日本人文学者との広い親交も有名です。漢字で名乗る際の「鬼怒鳴門《きーん・どなると》」は、三島由紀夫が文通で使った「鳴門鬼韻《なると・きいん》」を基にしているほど。三島以外にも、安部公房、谷崎潤一郎、川端康成、司馬遼太郎、丸谷才一らとも永井や嶋中の紹介で親しく交際します。あの永井荷風の自宅も訪ねたことがあったと自伝で述べています。驚くほどの人脈の広がりです。

ただ、大江健三郎とは、最初は親しかったのですが、次第に疎遠になります。キーン自身には、その理由が思い当たらなかったようですが、一説には、キーンが右翼的な三島とあまりに親密であったことが、大江には思想的に許せなかったということです。頷《うなず》ける気がします。

キーンから学ぶ

ドナルド・キーンの生涯を眺めると、経済的に恵まれない環境で育ったことに驚かされます。

高校・大学・大学院、すべて奨学金。そればかりか、特定の財団に研究への支援を自ら働きかけてきました。まさに徒手空拳、孤軍奮闘の日々の中での学問への探求だったのです。

その学問への姿勢は生涯、変わりませんでした。例を挙げれば、一五年かけてつくり上げた『日本文学史』を「ライフワーク」と評価する友人に対しては、「すでに頂点に達してしまっていて、もはやこれ以上書けないという暗示」だと反発します。**「私は自分が老人であるという兆しを自覚することはできなかった。要するに、私は書き続けたかったのだ」**と言い切るキーンは、当時、七一歳とは思えぬほどのモチベーションの持ち主でした。

そして、キーンは日本人の伝記を書くことを思いつきます。「歴代の天皇の中で一番偉大な君主」と賞賛されている、明治天皇の評伝です。彼は五年かけて完成させたこの作品で毎日出版文化賞を受賞。その後も足利義政、渡辺崋山、石川啄木、正岡子規を書き上げます。キーンには、「引退」「隠居」「第二の人生」という言葉は存在しなかったのです。

八二歳で『養生訓』を書いた江戸時代の貝原益軒、九三歳で現役復帰したマレーシアのマハティール首相の例もありますが、ある意味、**老いてからの仕事には、熱意以上の執念にも似たものが垣間見えるものです。**裏返せば、だからこそ成し遂げられる業績も大きい気がします。

キーンが日本国籍を取得するきっかけになったのが、二〇一一年の東日本大震災。「日本のことを考えない日は一度もなかった」と語る独身のキーンにとって、未曾有の大災害に見舞われた日本は、寄り添って共に生きようと決意できる存在だったのでしょう。

キーンは母親の死に際し、『野ざらし紀行』の一節、「北堂の萱草も霜枯れ果て、今は跡だになし」と詠んだ芭蕉の思いと自分の哀しみを重ねたそうです。果たしてそんな日本人が何人いるのでしょうか。まさに、彼が望んだ「日本文化の宣教師」としての道を貫いた生涯でした。

Katsushika ● Hokusai

葛《かつ》飾《しか》北《ほく》斎《さい》

1760年10月31日～1849年5月10日

世界を魅了した江戸の町人画家

「世界の人物一〇〇人」の中、日本人一人

二一世紀のカウントダウンが始まろうとする一九九八年、アメリカの雑誌『LIFE』は「この一〇〇〇年間で最も偉大な業績を残した世界の一〇〇人」を選びました。その中に日本人としてただ一人選ばれたのが葛飾北斎。**絵画彫刻部門七人の一人です。その七人とはレオナルド・ダ・ヴィンチ、ミケランジェロ、ラファエロ、ピカソなど世界の巨匠ばかり。**江戸の町人画家として親しまれ、知名度は高かったものの、蕎麦二杯分という安価でその浮世絵が売られていた北斎が、これほどの偉人として位置づけられたことには驚きのほかありません。

葛飾北斎は一七六〇年、現在の墨田区に生まれました。貸本屋や彫り師のところで下働きをした後、一九歳で勝川春草の門に入り「勝川春朗」として浮世絵を学びます。独自に狩野派、土佐派、西洋画の技法までも学んでいます。あまりに意欲的で、「派」という枠にとどまらなかったために、勝川派を破門されることになるのですが…。

続いて、北斎は装飾画様式の宗理派に学び「俵屋宗理」を名乗り、色刷り版画を発表します。が、四〇歳になるとこれも離脱。**天地、宇宙、自然を師として学ぶと宣言し、葛飾北斎と名乗るのでした。ダ・ヴィンチの「師は自然」という考え方と偶然にも共通しています。**

その後も、入場料を取って一二〇畳の大達磨《だるま》を描くパフォーマンスをしたり、曲亭馬琴作の読本『椿説弓張月《ちんせつゆみはりづき》』の挿絵を描いたり…。ついで『北斎漫画』を描き始め、有名な「蛸と海女」でコミカルに情事を描くなど、次々と挑戦を楽しみます。そして、七一歳で最高傑作『冨嶽三十六景』を制作します。構想に七年かけた新ジャンルのこの名所絵は、見事、大ヒットします。『冨嶽…』は景観や人々の生活の描写に終始せず、**一つの対象物への多様な見方に挑んだ作品集です。この構成の工夫は北斎の一つの真骨頂。**『冨嶽…』の中ではありませんが、大砲を撃つと次頁で的に命中するといった、アニメのような連続性を試みた作品も存在します。

模索と試作を続ける彼は、七五歳を過ぎる頃から肉筆画制作に傾注していきます。八八歳の時には、西新井大師に大作『弘法大師修法図』を、八九歳では小布施まで出かけ、岩松院に天井画『八方睨み鳳凰図』を描きます。死の直前には、『富士越龍図』で黒雲に昇る龍に自らを託していました。完成後、わずか数カ月後の九〇歳の春、浅草で没します。その時世の句は、「人魂《ひとだま》で行く気散《きさん》じや夏野原」（人魂《ひとだま》になって夏の野原でも気儘《きまま》にさまようか）。

世界に衝撃を与えた大胆な構図と明るい色彩

二〇一七年、何と三カ月にわたって、大英博物館で北斎の展覧会が開催されました。そのドキュメンタリー映画も制作されたほど。北斎は、今なお、世界の人々の心を揺さぶるのです。

北斎が世界に知られたのは、シーボルトが出版した『NIPPON』の挿図とも、『北斎漫画』によるとも言われます。が、最大のきっかけは、やはり一八六七年のパリ万博でしょう。それまで何百年にもわたって積み上げられてきた美術規範に閉塞感を感じていたヨーロッパの画家たちは、**万博で紹介された浮世絵の大胆な構図や明るい色彩に衝撃を受けます。そして、ここからジャポニズム（日本趣味）旋風が巻き起こるのです。**

印象派のセザンヌ、モネ、ルノワール、ドガ、ゴッホ、リヴィエールたちは、北斎からの刺激を自らの作品に結実させていきます。絵画以外でも、アールヌーボーを代表するガラス工芸家のガレは、『北斎漫画』の鯉を図案に取り入れた花瓶を制作し、音楽家のドビッシーは『神奈川沖浪裏』に発想を得て、「交響詩『海』」を作曲します。

北斎の影響がこれほど大きかった最大の要因は、何と言っても彼の画力にあります。北斎は森羅万象、何でも描きました。しかも、静的な表現になりがちな油絵に比べ、圧倒的に瞬間の動きを捉えていました。**彼の作品は躍動感と生命感に溢れ、自然への敬意も備えていたのです。**

生涯現役を貫ぬく

北斎の創作活動は決して順風満帆ではありませんでした。若い頃、ようやく売れ始めた美人画は、風紀を乱すと幕府から禁止されます。また、天保の大飢饉で大不況になり、浮世絵が売れなくなったこともありました。しかし、北斎は日本のアニメのルーツとなった『北斎漫画』の制作や、流行作家と組んでの絵入り読本の刊行で乗り切ります。

北斎の名を不滅にした『富嶽三十六景』の跋文《ばつぶん》には、絵に対する彼の覚悟が書かれています。要は、「六歳から写生を始め、七三歳で初めて自然の、造形の何たるかを知った。故に、精進し続ければ、九〇歳ではその奥義《おうぎ》を極め、一〇〇歳でまさに神妙の域を超え、一一〇歳となれば、点の一画が生きているようになる」というもの。いかに、北斎が進化し続けること、そのために生きることを願っていたかが実感されます。

その願いに違わず、北斎は当時としては稀なほど長寿でしたが、生活ぶりは実にストイック、というより無頓着でした。酒や煙草はもちろん、生魚も口にしません。流行の着物を身につけたこともありません。また、自身も画家だった娘の応為《おうい》と暮らし、延べ二〇〇人に及ぶ弟子たちが集った家も一切掃除をしないまま。限界の汚さになると、近所に引っ越すのです。引っ越し回数は九三回にも及びました。

北斎は雅号（ペンネーム）も、少なくとも三〇回変えています。「可候《かこう》」「為一《いいつ》」…。最晩年は「画狂老人」。そこからは、**新しいチャレンジのためには、それまでの自分を捨てることにさえいささかの躊躇を見せず、ひたすら突き進んでいった北斎の姿が浮き上がってきます。**

北斎の代表的な作品は『富嶽…』の「神奈川沖浪裏」と言われます。この作品の特徴は何と言っても「The Great Wave」とヨーロッパで呼ばれた波。特に、波頭が鉤爪《かぎつめ》になっている点です。評論家が「時間を止めた」と称したことも頷けます。北斎はあの鉤爪で何を掴み獲ろうとしたのでしょうか。私自身は、それは時間だったのではないかと想像しています。

北斎は誰よりも時間を欲していました。ストイックにも無頓着にも見えるのも、創作に集中したいがためでした。そして、時にはパフォーマー、時には櫛や着物などのデザイナー、時には自分の絵に出版元名や「近日発売」の言葉を入れたりするなど、広告プロデューサーという一面も見せながら、新たな自分に出会うために歩み続けました。

蛇足ですが、この『神奈川沖浪裏』が発表される二二年前、千葉県いすみ市にある行元寺《ぎょうがんじ》に、あの構図そっくりの欄間『波に宝珠』が飾られます。「波の伊八」と呼ばれた彫り物師の作品です。北斎の鉤爪の波はこれが基という説もあるほど…。ただ私が注目するのは、「神奈川沖…」が北斎のオリジナルか否かではなく、**我が国には北斎以外にも瞬間を抽象化できる職人が存在していたという事実。裏返せば、それは江戸時代の文化程度の高さの証にほかなりません。**そして、その文化が北斎を江戸の人気作家に押し上げていたのです。

Miyabe ● Miyuki

宮部《みやべ》みゆき

1960年12月23日～

ベストセラーの極意から何を学ぶ

見事に「いじめ」を分析

人気作家、宮部みゆき。彼女の作品は社会派本格推理や軽いタッチの推理物、藤沢周平風の時代物、あるいは超常現象（超能力）を題材にしたものなど、ベクトルがいろいろな方向に向いています。ただ、どの作品でも共通するのは、描かれている市井《しせい》の人々の「自分の隣にいる」感。そして、**どこにでもいる平凡な人々の中に潜む、心の闇のようなものを彼女は描き出している**のです。

特に、彼女の描く子どもたちはその特徴が顕著。だからこそ、教育という問題についても、彼女の言葉には耳を傾ける価値があるように思います。彼女がよく取り上げるテーマに「いじめ」がありますが、この問題に関しても道標を示してくれています。

例えば、容姿も成績も、また家庭環境も恵まれているのに他人に対し攻撃的で、いじめを繰り返す生徒を登場させた作品があります。あなたの身の回りでも似たようなケースがあるのではないでしょうか。そして、「こんなに恵まれているのに、どうしてそんなに意地悪なのだろう？」という問いかけをして、答えが見つけられないジレンマに陥ることもあるのではないですか。

それに対しての宮部の分析はこうです。「自分が十持っていて、隣の人間も十持っている状態で、その隣にいる人間に対して**優越感を感じたいと思ったら、相手から何かを取り上げてしまうしか方法がない。**そうしないと満足できない」（『魔術はささやく』）。見事な分析です。問題の根がどこにあるか、明確に示しているようにも感じます。

ほかの小説では、いじめの被害者の少年の口から、「甘やかす前に、叱咤激励《しったげきれい》する前に、立ち直っていくことの意味を教えてほしい。立ち直る価値があるかを教えてほしい」（『八月の雪』）と語らせます。その絞り出すような叫びは、いじめで苦しむ者たちの声と見事にオーバーラップします。とかく、「頑張れ！」「負けるな！」と、私たちは安易に口にしがちですが、**果たして、立ち直る価値を教えらえたのか、立ち直る環境をつくり上げられたのか、改めて考える必要がある**気がします。

子どもはみんな時代の子

宮部みゆきは一九六〇年、東京の深川に生まれました。都立墨田川高校卒業後、速記学校に通い、その後、法律事務所に勤務しながら作家養成講座で学びました。デビューしてからは、バウンティ・ハンター（賞金稼ぎ）と呼ばれるほど、『我らが隣人の犯罪』でのオール讀物推理小説新人賞を手始めに、『理由』では直木賞など、次々に賞をゲットしていきます。

彼女の作品の中で私の印象に残ったフレーズが、「子どもはみんな、時代の子」(『今夜は眠れない』)。彼女はそのフレーズで、自分の本当の父親は誰かと悩む一人の少年の心を救います。と同時に、**時代を映し出す存在の筆頭は子ども**なのだと読者に訴えます。

確かに、子どもは時代そのものの鏡です。一〇年一昔どころか三年一昔と感じるほど、子どもが変化しているのも事実。例えば、「LINEの既読スルー」が子どもたちの世界でのいさかいの原因になることや、「インスタ映え」するか否かが大きな価値を持つこと、将来の夢の職業第1位が「YouTuber」であるなど、果たして誰が想像し得たでしょう。

だからといって、宮部は、その現象の一つ一つを闇雲に問題視して追うわけでも、無視するわけでもありません。価値観の変化を把握しながらも、現象の根底に流れる子どもたちの、普遍なる心に向き合っているのです。

しかもです。宮部はエピグラフでこんな一文を使っています。「大人になったら、小さな男の子になりたい」(『今夜は眠れない』)と…。改めて断るまでもないでしょうが、大人になることが幸せにつながらない世界は病んでいます。ただ、彼女には社会の病理を描き出すといった肩肘張った姿勢は見受けられないのです。押しつけがましくないこと、どこかほのぼのとしたものが読後に残ること、それが宮部のコンセプトなのでしょう。

だからこそ、彼女の作品に登場する子どもたちは、心に闇を抱えたり、醒めた視線で社会を見据えたりしながらも、返す視線で我が身を眺めることができます。決して「社会が悪いから…」という安易な結論に満足はしません。彼らは優しく、傷つきやすい。それでいながら、傷を負ったことで逞《たくま》しさを身につけ、ひたむきに生きています。そうして、読む者に希望を与えるのです。

蛙の子は蛙？

「あなたが感じる教師の仕事の魅力は何ですか？」。

もし、そう問われたら、何と答えるのでしょうか。

宮部みゆきは、一人の教師の言葉として、こう答えます。「蛙の子がみんな蛙になっていたら、周りじゅう蛙だらけでうるさくてかなわん。俺はただの体育の教師だから、難しいことはよくわからん。わからんが、教育なんてしち面倒くさいことを飽きもせずにやっているのは、蛙の子が犬になったり馬になったりするのを見るのが面白いからだ」（『魔術はささやく』）。「まさに、そうだった」と頷く教師は多いのではないでしょうか。

現在、学校教育が抱える問題は山積しています。しかも、信頼は失墜するばかり…。それでも宮部の小説を読んでいると、**教師という仕事の面白さは、人間の成長過程において最も感受**

性の振幅の激しい時期にいる子どもたちに、密接に関わり合える点にあるのだと、改めて痛感させられます。「今日」が決して「昨日」の続きばかりではない毎日だからこそ、教育には夢があるのだとも思い至ります。そして、宮部はそれを生き生きとした会話で描き出します。読者はいつのまにか、その声に耳を傾け、その世界にどっぷり浸かれるのです。

結局、読者は、他人にはわかってもらえない、自分だけの経験や気持ちを作品に重ねつつ読み進めているわけです。**宮部みゆきが自分だけに通じる波長で自分だけにささやきかけていると錯覚している**のです。私は、その点にこそ宮部作品がベストセラーになる秘訣があると思います。きっと、**彼女の言葉の一つ一つが、思うようにはならない現実に戸惑っている多くの人の心に、自分の人生の応援歌のように響くのでしょう。しかも、彼女の作品には、それぞれ微妙に異なる読み手の琴線に触れるものが至るところに散りばめられているのです。**

そして、そういう言葉を教育に携わる者も持つ必要があると考えます。「自分に語っているんだ」と思い込ませる言葉を身につけることが大切なのです。そのためには、「今の子は…」「今の親は…」という一括りで否定せずに、子ども一人一人や取り巻く環境の「今」をきちんと把握し、何を求めているかを知ることが前提になります。それは教育に携わる人たちが自分のスタイルを蔑《ないがし》ろにすることでも、子どもや親に阿《おもね》ることでもありません。宮部みゆきが読者のニーズに応えながら自分の世界観でベストセラーを生み出しているように…。

Akimoto ● Yasushi

秋《あき》元《もと》 康《やすし》

1958年5月2日～

AKB48の戦略――失敗と多様性

時代を読む

AKB48の生みの親として、また、四五〇〇曲以上の作詞で知られる秋元康は、多彩な顔を持つことでも有名です。作詞家、プロデューサー、放送作家、エッセイスト、小説家などなど。映画の企画にもかかわっています。彼にとって大事なのは何かを創り上げること。媒体は何でも構わないということなのでしょう。

考えてみれば、五〇歳を過ぎたおじさんがAKB48の歌詞を書けること自体、不思議です。でも、秋元はいつも対峙している彼女たちを見て感じた「観察日記」を言葉にしているに過ぎないと言います。さらに彼は、時に垣間見える根性論的歌詞についても、一昔前の学園ドラマみたいで恥ずかしいと思っているのは一昔前の人たちだと考えています。時代に対するこの研ぎ澄まされた感性こそが、今の時代、求められている気がします。

というのも、とかく学校は不易なものを大切にするからです。教育の根幹を成すものは、実は一〇〇年前と何ら変わっていない、と感じる場面すらあります。とりわけ教育現場では流行に対して、どこか一過性のものと軽視しているようなのですが…。

秋元の詞は、美空ひばりの『川の流れのように』の「振り返れば遥か遠く故郷が見える」から、AKB48の『恋するフォーチュンクッキー』の「性格いいコがいいなんて男の子は言うけど（中略）いつだって可愛いコが人気投票1位になる」など、実に幅広い。それが彼の武器であり、時代の流れと各世代の要求をきちんと把握している証にほかなりません。

当然のことですが、彼が手がけたものの中にも、埋もれてしまったものは多くあります。しかし、秋元が時代の寵児たる所以《ゆえん》は、そういう**失敗さえ、時代の多様性を読む力に転化しているところにある**ように感じます。

人たらし

成功する秘訣は何でしょうか。努力？　才能？　カナダのある大学の調査結果によると、成功者と呼ばれる人の七五％は、**成功の理由を「人間関係」としている**そうです。実際、秋元も投稿で認められ、それで高校時代からニッポン放送に出入りします。そして、すぐに放送作家として活動を開始します。やがて作詞家の道に入るのですが、そのいずれもが他人からの働きかけの結果でした。

無論、才能あってのこと。しかし、**才能というものは意外と本人自身は気づかない。在り処《あか》**

を教えてくれるのはたいてい他人です。ただ、単なる顔見知りが教えてくれるはずはありません。言い換えれば、「いいところを引き出してやりたい」という、上滑りでない人間関係が築けるか否かが分岐点。そして、秋元にはそれができた。彼は、いわゆる「人たらし」なのです。

では、どうやって彼はそういう魅力を身につけたのでしょうか。彼は「嫌いな人と付き合う必要はない」と断言しています。人間にも花粉や小麦のようなアレルギー源は存在している。それを無理やり付き合う必要はないと言う意味なのでしょう。当然のことですが、「将来的には得だ」といった計算や、GIVE & TAKEの関係だけを求めるのはNGです。人間関係は自然体の中で生まれる。誰に対してもまずは先入観を捨て、自分の心を開いてぶつかっていくことが、人としての魅力の源になると秋元は考えているのです。

彼は戦略も考えています。それは常に「刺さる」こと。たとえば、AKB48が初めて秋葉原の劇場で公演をした時、観客はわずか七人だったそうです。しかし、秋元が問題としたのは人数の少なさではなく、その七人の心に刺さったか否かでした。

つまり、たとえ一人でも観客の心に刺されば、SNSの現代です。必ずやドミノ倒しのように時代や世代間ギャップさえ乗り越えて広がっていく。**最も大事なのが一人の観客の、そして、発し手自身の心に刺さっているか**だと、彼は考えたのです。

ムーブメントを起こす教育

最近の学校は残念ながら、まだまだ色がありません。子どもに寄り添うことを目標にし、電子黒板やタブレット、時にはアイボなども導入し、教員自身の力量自体も二〇年前と比べ、格段にアップしているのに、教育内容は似たり寄ったり。少しも魅力が感じられません。

秋元は、最大公約数の時代は終わった、と読んでいました。裏返せば、多様化が進んだ今は、不揃いである多数が、いわゆる化学反応を起こすために不可欠ということです。そして、多数がその**不揃いさを乗り越え、時には一枚岩になることが、色を生み出す大きな要因になり、ムーブメントを起こせる**のです。

言うまでもないことでしょうが、一枚岩になるのは、目標の共有はもちろんのこと、次の三つの条件をクリアーしなくてはなりません。まず、リーダーと構成員との間にはっきりした力量の差があること。次に、相互信頼が存在すること。そして、時には「裏切ったら…」という恐怖感もあること、です。秋元が普通の女の子に過ぎなかったAKB48をそういう一枚岩の集団に育て上げたことこそが、成功の秘訣だったのです。

さらに必要なのが、他の人が捨てて気づかない情報だけを持つことです。秋元はこんな意味のことを『企画脳』で書いています。「誰もが知っている情報はすでに情報ではなく、知識に過ぎない」と…。実際、手垢まみれの情報では新たなものを生み出すことはできません。その一方で、情報化が進むということは、「中庸」のもの、こうなるだろうという予めの考えに合致した、秋元自身の言葉を借りれば、「予定調和」と呼ぶべきものが安全パイとして選択される傾向が強くなることでもあります。

だからといって、現代社会においては、溢れる情報を無視はできません。それどころか、自分で情報を読み解く力が求められます。自分の興味やアンテナ、感性を基準にして、判断する。ある意味、そういう独断と偏見によって得た情報が、オリジナルなものになり得るのでしょう。

秋元がＡＫＢ48で仕掛けた総選挙やじゃんけん大会などは、いわば、「予定調和」なるものを壊し、意図的に偶発的な要素を生み出す一つの手段だったのです。

秋元康は、本当にやばい、えぐい。

彼は、色、ムーブメントは何もないところから生まれるわけではなく、新しい組み合わせによって生まれてくると割り切ってもいます。オリジナリティは、作り手側だけによるのではなく、個々のユーザーが開発者となって、全世界で改良&バージョンアップが行われていく、「リナックスのようなオープンソースのソフトウェア」であるからこそ生まれると受け止めていたのです。それこそが、ＡＫＢ48が地域も時代も世代も超えて支持される要素でした。そして、こういった双方向でつくり上げるという視点こそ、今、教育現場、職場などのあらゆる場面で求められていることではないでしょうか。

Stories of IV the Greats

人を残すは一流！
信念、志を未来につなぐ

財政改革を進める時にも教育投資を怠らない人物がいます。重大な施策の局面で大胆な人材活用をした人物もいます。

教育も人材活用も、未来に人を残し時代を築くことだと感じさせてくれる人々の戦いの記録です。

Uesugi ● Yozan

上《うえ》杉《すぎ》鷹《よう》山《ざん》

1751年9月9日〜1822年4月2日

学問とは現実に役立つ実学である

J・F・ケネディが尊敬した政治家

戦前は修身の教科書にも取り上げられ、現在は、逆輸入された知名度によって企業のトップから尊敬を集める江戸時代の名君、それが上杉鷹山です。逆輸入のきっかけは、アメリカのJ・F・ケネディ大統領が日本の新聞記者からの「日本で尊敬する政治家は？」との問いに、鷹山の名を挙げたこと。内村鑑三の著書『代表的日本人』を読んでいたと言われています。

ただ、就任時のこの有名なエピソードは公の記録に残っておらず、後人の創作疑惑もありました。しかし、二〇一三年に駐日大使に就任したキャロライン・ケネディが、「父は上杉鷹山を尊敬し、考え方に影響を受けた」と述べたことで事実と証明されたのです。

一八世紀後半、米沢上杉藩の財政は危機的状況にありました。「新品の金物の金気を抜くには『上杉』と書かれた札を貼れば、勝手に吸い取ってくれる」と江戸で言われたほど。謙信以来の名家というプライドが足枷《あしかせ》になり、財政を緊縮することもできず、六万五〇〇〇両の年間収入に対し、借金は二〇万両に膨らんでいました。そんな時、宮崎の高鍋藩秋月家から第九代藩主として迎えられたのが上杉鷹山（治《はる》憲《のり》）だったのです。

餓死者を出さなかった改革

腹心の部下がいなかった鷹山は、本国から疎《うと》んじられていた江戸在住の藩士を登用していきます。まず味方の団結を固めたのです。その上で、米沢に帰り、全藩士を城内の大広間に集め、自らの考えを直接、訴えます。初めに**現状報告、問題の所在と原因分析、今後の方針の明示。**もちろん、どこまでできるかという**限界の認識や予想される障害の確認も忘れません。**そして最後に、**情報の共有と討論の必要性を訴えたのです。そして、実行。見事な戦略です。**

具体的戦略の一つが「上書箱」。財政再建の意見を家臣や領民からも集約したこと。現代ならSNSの活用というところでしょうか。また、藩費を半減し、残る半分を借金返済に向け、一六年で完済するという思い切った計画も立てます。無論、鷹山は長い間に蓄積した負の要因が、短期間で改善できないことは承知しています。だからこそ、現場主義で得られた情報を基に、計画は短期と長期に分け、成果の出やすいものに的を絞っていったりもします。

鷹山は何より率先垂範に努めました。彼の実践の第一に挙げられる大倹約令。鷹山は自らも食事は一汁一菜、身にまとうのは生涯、木綿で通します。江戸藩邸の奥女中も五〇人から九人にし、維持費を七分の二にまで減らします。当然、藩の体面にかかわると大反対も起きます。これが「七家《しちけ》騒動」と呼ばれるもの。それでも鷹山は怯《ひる》みませんでした。

そして、鷹山は農地開発も実施します。中国の先例に倣い、藩主自ら田を耕す「籍田《せきでん》の礼」も行っています。また、藩士の二男、三男には農村への土着を奨励し、希望者には田畑を与え、三年間、年貢を免除します。いわゆる刀を鍬に持ち替えさせたのでした。

そして、インフラの整備。さらに、麻の一種である青苧《あおそ》を使い、武士の婦女子に内職として機織りを、また養蚕を奨励し、米沢織として全国に出荷していきました。

「天明の大飢饉」が東北地方を襲った際は、鷹山は領民に米を支給しました。隣の盛岡藩では人口の二割、七万人が餓死した中、米沢藩では一人の餓死者も出ませんでした。危機管理の達人と言えるでしょう。しかも、鷹山は他藩からの難民にも領民同様の保護を命じました。**現代にも通じる、グローバルな感覚の扶助の精神の持ち主だった**のです。

人口減少対策も講じています。早婚を勧め、一五歳以下の子どものいる家庭には、末子が五歳になるまで一人扶持を支給。鷹山は、子ども手当を実施した先駆者でもありました。

そういう鷹山の改革によって藩財政は少しずつ好転していきますが、実際に立て直せたのは一六年後どころか、何と一〇〇年後と言われています。残念ながら、彼の改革の核でもあった重農主義では限界があったということなのかもしれません。

藩校の人材が改革に貢献

米沢で鷹山の足跡を辿った折、タクシーのドライバーさんが、母校、興譲小学校の校歌を歌ってくれました。「鷹山公は我等の鑑」という一節を高らかに歌う姿からは、上杉鷹山を誇りとする米沢市民の「今」が感じられました。

鷹山の改革は、彼の人となりに負うところが大きく、その民主的な考え方は最大の魅力でもあります。彼は「藩は領民のためにある」など、藩主の心得三カ条を綴った「伝国の辞」を残しています。そして、彼の哲学のバックには、師である細井平洲の教えがありました。

平洲は、学問とは単なる考証や漢文素読ではなく、現実の政治や経済に役立つ実学であるべきと説きます。鷹山はその考えに基づいて、藩校、興譲館を創設します。その理念を記した当時の学則が、現在も県立興譲館高校に所蔵されていますが、それは平洲自らが揮毫《きごう》したものだそうです。ちなみに、見学に行った折には資料室担当の先生から、入学すると生徒は皆、そらんじると伺いました。まさに「鷹山公は我等の鑑」なのです。

興譲館から育った人材が藩改革に貢献していきますが、特筆すべきは、この藩校内には医学館の好生堂も創設され、西洋医学の技術を持った人材が育成されていたこと。当時、米沢は「東北の長崎」とも呼ばれていました。最先端の学問を取り入れるために、指導者になる人材は長崎に派遣もしていました。日本最初の医学校を創設したと言われているあの佐賀藩の、何と三〇年も前に…です。鷹山が炯眼《けいがん》だった証でしょう。

このように広く先駆的な藩改革に取り組んだ鷹山ですが、その要諦は集団決定事項の徹底と継続、さらにはリーダーの誠意にありました。彼自身、本当に誠実でした。心身に障害を持つ妻、幸姫は幼児のような身体と知能でしたが、その妻を鷹山は大事にし続けます。一緒におままごとをした、という記録もあります。我が娘ながら実際の交わりはほとんどなく、障害の事実を幸姫の死後、初めて知った前藩主、重定《しげさだ》は涙を流して鷹山に感謝したそうです。ただ、鷹山にとっても汚れを知らない幸姫の存在は心のやすらぎだったのかもしれません。

家臣、領民、すべてから慕われた鷹山は一八二二年に七二歳でこの世を去りました。その人生を俯瞰すると、なぜか発明王エジソンの言葉が浮かんできます。エジソンは「人間離れした天才」と呼ばれた時、「私は人間離れなどしていない。ただ、諦めないことの天才なのだ」と語ります。鷹山もまさに諦めない、不屈であり続けることの天才だったと思うのです。

米沢市にはケネディ元駐日大使のスピーチの碑があります。その一節を最後に紹介します。

「父は、『人は一人でも世の中を変えることができる、皆やってみるべきだ』とよく言っておりました。しかし、鷹山ほど端的にそれを言い表した人はいません。『なせばなると』と…。」

Choshu ● Five (Goketsu)

長州《ちょうしゅう》ファイブ（五傑《ごけつ》）

1863年渡英〜1864年井上・伊藤帰国、1866年遠藤帰国、1868年野村・山尾帰国

明治をつくった密航留学生

初代総理大臣は密航留学生

どんな悪法でも法は法です。しかし、法を犯しながら総理大臣になった人がいます。それが初代の伊藤博文《いとうひろふみ》。さらに初代外務大臣井上馨《いのうえかおる》も…。何と、彼らは密航留学生だったのです。

時は幕末。一八五八年、アメリカをはじめとする五カ国との間に修好通商条約が締結され、翌年、長崎・横浜・函館が国際貿易港として開港しました。どっと流れ込む人、物、情報。日本人の対外意識は大きく変化します。それにもかかわらず、幕府の海外移動制限は続いていました。

もちろん、長崎では欧米人牧師や商人、あるいは書物、新聞などを通して、海外の最新技術、知識を学ぶことはできました。ただ、海外で学べるのは幕府推薦のエリート幕臣の子弟のみ。諸藩の意欲ある若者の中に密航留学を考える者が出てくるのは当然のことでした。

密航留学を藩として最初に認めたのは長州藩です。海外列強から日本を守るために相手の実力を知りたい、そのために**海外で学**

問修業したいという思いの一部の若者たちが藩を動かしていきます。この時のメンバーは五人。井上馨、遠藤謹助《えんどうきんすけ》、山尾庸三《やまおようぞう》、伊藤博文、井上勝《いのうえまさる》（野村弥吉）。彼らは長州五傑、あるいは長州ファイブと呼ばれます。事実、彼らが学んだロンドン大学構内に建つ顕彰碑には、「Choshu Five」の文字が刻まれています。

いざ、ロンドンへ

密航留学の発案者は井上馨です。彼は実はガチガチの攘夷論者でしたが、師、吉田松陰の影響で、「欧米諸国に伍するには先進欧米諸国の科学、技術を学ぶことが不可欠」という佐久間象山（48P）の主張に感銘し、密航留学を決意します。そして、藩主、毛利敬親《もうりたかちか》や重臣の周布《すふ》政之助《まさのすけ》にイギリス留学を願い出ます。人材育成の必要を痛感していた周布は、藩の御用商人、大黒屋の番頭を通して、ジャーディン・マセソン商会に密航の仲介を頼み、三〇〇〇両をお手元金から用立てるなど、後押しします。

しかし、密航費は一人一〇〇〇両。残りをどうするか？　ここで井上が考えたのが、藩が鉄砲買い入れのために用意していた一万両を担保にした借金。もちろん無断ですが、藩兵学校教授の村田蔵六（大村益次郎）が黙認したことで切り抜けられます。

一八六三年五月一二日、吉田松陰が密航に失敗してから九年後、五人はイギリス船、チェルスウィック号の石炭倉庫に隠れ、日本を出港します。周布の言葉を使えば、将来の開国に備えての知識、技術を身につけた、「生きた器械」になって戻るために…。

一一月にイギリスに着いた五人は、その工業力を目の当たりにして、攘夷の考えをきっぱりと捨て、ロンドン大学ユニバーシティ・カレッジ（UCL）で学び始めます。UCLは当時、信仰、人種、国籍の違いを超えて学生を受け入れる唯一の大学でした。

ところが、半年を過ぎた頃、列強諸国の下関攻撃の情報を新聞で得ると、伊藤と井上馨はこれを阻止すべく、すぐに帰国します。しかし、時すでに遅し。下関はイギリス、フランス、アメリカ、オランダの艦隊に砲撃され、完膚なきまでに叩き潰されます。その後、高杉晋作と共に交渉を重ね、ようやく講話条約が締結できたのでした。

一方、残った三名はUCLでの受講を続け、遠藤は六六年初めに帰国の途につきます。井上勝は鉄道や鉱山の現場でも働きます。山尾はグラスゴーの造船所で見習工として働き、夜間はアンダーソンズ・カレッジに通います。そして、二人は六八年一一月に日本に戻ったのです。

帰国後、彼らは近代日本の黎明期に、歴史に刻まれる目覚ましい活躍をしていきます。伊藤博文は初代内閣総理大臣に就任。大日本帝国憲法を発布し、日本を立憲主義国家に導きます。井上馨は初代外務大臣。修好通商条約改正に尽力し、「外交の父」とも呼ばれます。鉄道や鉱山学を学んだ井上勝は、日本の鉄道発展に貢献した「鉄道の父」です。山尾庸三は技術者を育成する学校の必要性を主張。工部省内に工部大学校（後の東京大学工学部）を設立するなど、工業技術の発展と教育に尽くし、「工学の父」と呼ばれます。遠藤謹助は大蔵省に入省後、大阪貨幣局長となり、近代的貨幣制度を導入した「造幣の父」。五人ともそれぞれの分野で開拓者となっていくのでした。

密航留学生が残した教訓

「明治は西から始まる」というフレーズがあります。実際、**幕末期には海外情報を貪欲に吸収し、海外の最新技術で武装した薩摩・長州・肥前佐賀等の西南雄藩が時代を牽引**しました。そして、その先兵となったのが、帰国後、「生きた器械」として活躍した長州ファイブでした。

乏しい費用で、しかも命がけ。語学力だって不十分。帰国後の身分の保障もない中で、自分の学びを藩のためにという一念で密航留学を成し得た彼らだからこそ、イギリスでのカルチャーショックさえプラスに転じ、帰国後には攘夷論者から命を狙われたりもしながらも、近代国家建設の中核となり得たのでしょう。

ただ、無自覚であったにせよ、彼らが見てきたのはあくまでも光の部分に過ぎなかったことも事実。**陰の部分、たとえば発展の犠牲となった弱者の実態など、資本主義社会の暗部、格差社会、環境問題などにまでは目が向けられていませんでした。**

さて、長州ファイブが密航した時代と違い、今は自由に海外で学び、働ける時代です。ところが、日本の若者の間には内向き志向が急激に浸透しているとも言われています。ＯＥＣＤの統計によると、一年以上の長期留学生数は二〇〇四年の八万二九四五人をピークに約三〇％減り、その後はコロナ禍前まで五万人台の横ばい状態が続いていました。

では、日本人留学生が減ってしまった要因は何なのでしょうか。留学費用の高騰、就職活動のハンディ、家庭の所得格差、インターネットの普及などは言うまでもありませんが、最大の理由は、何よりも若者自身の安定・安全志向にあるのでしょう。何も外国で苦労しなくても…というわけです。当然、気概や志のある若者の育成を求める声も強くなっています。

ただ、その声に応えるには、まずは苦しい藩財政の中でも、国禁を犯しても送り出した幕末期の指導者の姿勢を見習うべきでしょう。同時に、教育システムの改革も必須です。「個」が尊重される現在、新しい時代に合った形の志士的精神の育成が必要であり、教育システムが占める比重も、より一層、大きくなるはずだからです。

ある識者は長州ファイブのことを「志士的精神基盤の上に近代的精神が接ぎ木され、彼ら独自の合理主義が形成された」と指摘しています。実際、**彼らが耕した土壌の上に、後に続く若者たちの縦横無尽の活躍の花が咲いた**ことは紛れもなく、ある意味、これこそ、彼らの最大の功績だと私は考えています。

Satsuma ● Students

薩《さつ》摩《ま》スチューデント

1865年渡英

日本近代化の先兵として

薩摩藩士集団密航留学

ＪＲ鹿児島中央駅前、巨大なモニュメントが目を惹きます。薩摩藩英国留学生、別名「薩摩スチューデント」、一九人の群像です。

一八五七年に話は遡ります。藩主、島津《しまづ》斉彬《なりあきら》は藩内の優秀な若者をイギリス、アメリカ、フランスに順次送り出すという壮大な構想を固め、スタートは二年後と決定します。長州ファイブ（201Ｐ）が旅立つ七年も前のことです。ところが、斉彬は急死。計画はいったん、中止になります。

六年後、生麦事件に端を発した薩英戦争が勃発。完膚なきまでに叩きのめされた薩摩藩は開国に舵を切り、留学生派遣が再浮上。この旗振り役をしたのが五代友厚《ごだいともあつ》でした。五代は政商トーマス・グラバー（124Ｐ）と知己があり、世界の趨勢《すうせい》を熟知していました。そんな五代の藩への提案策の一つが、イギリスへの留学生、いわゆる薩摩スチューデントだったのです。

ただ、**海外留学は国禁。そこで藩主黙認の密航留学にし、グラバーを介し、ジ《J》ャーディン・マ《M》セソン商会に依頼します。**支払いは渡航費が一人、一〇〇〇両。滞在費も合わせた総費用は二〇万両。藩の年間一般会計予算に匹敵する額です。長州ファイブの費用とは段違いです。

留学生は藩の洋学校、開成所で学ぶ一〇代から三〇代の若者一六名。家柄、年齢、能力、思想などを基に選ばれました。他に使節団としての新納久脩《にいろひさのぶ》、五代友厚《ごだいともあつ》、寺島宗則《てらしまむねのり》、通訳の堀孝之《ほりたかゆき》の四名を加えて二〇名。出発直前に一名が病死したので、一九名で旅立ちます。

欧米での学び

一八六五年四月一七日、イギリスを目指して羽島浦から、名も変えて密かに出航した薩摩スチューデント。この時、よもや自分たちより先に他藩の、しかも宿敵、長州藩の若者が学んでいるとは夢にも思いませんでした。

長州ファイブが海路のみだったのと違い、薩摩スチューデントは陸路も取り、開通前のスエズ運河の巨大掘削機やマルタとジブラルタルのイギリス軍要塞の威容、汽車のスピードを目の当たりにします。頑固な攘夷主義だった者でさえ、自分らの無知と無謀さを恥じるように変化せざるを得ない先進性でした。

六月二一日、ロンドン着。一三歳の長沢鼎《ながさわかなえ》だけはグラバーのスコットランドの実家に預けられますが、森有礼《もりありのり》ら他の留学生は、留学先のロンドン大学の教授六名の家に分宿します。

一方、短期間で帰国予定の五代ら四人はマンチェスターなど工業地帯を精力的に回ります。紡績機械、武器などを買い付け、次いでベルギーの貴族であるモンブラン伯との間にパリ万博参加の約束や貿易商社設立の仮契約をします。この時の商談には、鹿児島の鉱山開発、鉄道、電信の開設等も含まれていました。フランスとイギリスの外交問題の煽《あお》りを受けて頓挫《とんざ》しましたが、まさに国家プロジェクト級の事業を考えていたのです。

帰国後、五代は大阪商工会議所を設立。「東の渋沢栄一、西の五代友厚」とも言われるほど、大阪経済の発展に尽くしました。また、**商業教育にも熱心で、同じスチューデントのメンバー、森有礼が東京商法講習所（現一橋大学）を創設したのに対し、大阪商業講習所（現大阪市立大）を創設しています。森、五代の二人が日本の経済教育の礎にもなったのです。**

さて、大学の夏休みに欧米各国を視察し、宗教家トーマス・ハリスに会ったメンバーは、彼から強烈な影響を受けます。ハリスはアメリカの下院議員であり、キリスト教系の「新生兄弟社」の教主でした。日本人留学生がこのような宗教になぜ惹かれたのか。考えられる理由は、金銭万能主義の資本主義社会のイギリスで生活する中で、この教団の金銭を軽視し、義に殉ずる思想に、脈々と流れる武士の血が共鳴したからかもしれません。一八六七年にはメンバーのほとんどが帰国しますが、六人はアメリカに移り、ハリスのコロニーでの生活を始めます。

その一人、松村淳蔵《まつむらじゅんぞう》は大学卒業後、アナポリス（海軍士官学校）に入学しています。日本人最初のアナポリス生です。優秀で、とりわけフェンシングの成績が良い。さすが武士です。帰国後は海軍兵学校校長となります。

一方、「新生兄弟社」で生活していた森と鮫島尚信《さめしまなおのぶ》は、ハリスから「王政復古した日本のために帰国すべきという天啓を受けた」という言葉をかけられ、それに促されて帰国します。後に、森は初代文相として、鮫島はフランス公使として働きます。

最後まで残った長沢は、ハリス夫妻とその自宅である豪邸で同居し、ハリスの死後は教団を引き継ぎます。晩年は「カリフォルニアのワイン王」と呼ばれる存在に…。イギリスがアメリカから最初に輸入したワインは、何と長沢の会社のものでした。

薩摩スチューデントが示す学びの意味

江戸時代、約一〇〇件の密航留学があったと言われます。ただ、ほとんどは単独です。グループ密航は長州、佐賀、熊本、広島、加賀など、十指に満たない藩だけです。そんな中、**薩摩は一九名もの大量集団密航を成功させます。その手際の良さの裏には、密輸の経験と、何より潤沢な留学資金がありました。**出所の殿様お手元金、いわば非正規予算が、他藩が総額一万両から三万両なのに対し、薩摩藩は三〇万両。一説には、一〇〇万両とも言われています。長州ファイブの困窮ぶりをロンドンで知ったスチューデントたちはカンパをしているほどです。

当然、準備は万全。洋学校を設立し、語学教師には、あのジョン万次郎（129P）もいました。また、渡欧の船舶、留学先の大学や宿舎ばかりか、地元の有力者まで押さえていました。さらに、使節団として五代や新納たちも送り込み、現在で言えば、ヨーロッパ各国の要人と交渉も行っています。つまり、**薩摩スチューデントは藩の独自外交政策の一つでもあったのです。**

彼らは帰国後、近代日本を牽引します。それができた背景には、新政府が薩長閥だったこともありますが、それ以上に、幕府の国費留学生と違い、彼らの多くが技術・知識の習得のためには留学期間が短かったことが考えられます。つまり、不完全な習得だったがゆえに、お雇い外国人なる専門家の手を借りながらも、ただコピーするのではなく、**留学時に受けたカルチャーショックを新たに日本独自の形として完成させることもできた**のでしょう。

もちろん、送り出した薩摩藩の当初の期待とは、全く違う人生を歩んだ者もいました。誰が、アナポリスに入学する者や、カリフォルニアのワイン王を予想したでしょうか。

しかし、私は、新たな世界を切りひらく本当の学びとは、国のためとか、社会のためとか、あるいは誰かに勝つためとか、自分の得になるか、などという次元を超えた時に初めて可能になると思っているのです。言い換えれば、Important（重要）であることに向かう一直線の学びではなく、**Interest（興味・関心）も大事にした、曲線の学びもできた時にこそ、新たな世界の展開が待っている**、私はそう信じているのです。

Ogata ● Koan

緒方洪庵《おがたこうあん》

1810年8月13日～1863年7月25日

門下生1000人の人脈を構築した蘭学医

天然痘予防接種に続いてコレラ対策に尽力

一八五〇年、医師で蘭学者の緒方洪庵は当時、蔓延していた天然痘に対し、イギリスのジェンナーが開発した牛痘ワクチンによる予防策をいち早く取り入れ、除痘館を開設。子どもたちの腕から腕へ牛痘苗《ぎゅうとうびょう》を植えつけました。従来の、天然痘患者のかさぶたを粉にして鼻腔になすりつけるという危険極まりない療法に比べ、格段に安全でした。にもかかわらず、「種痘すると牛になる」などの風評に加え、漢方医の妨害もあり、接種する子どもは少数でした。

救いの手を差し伸べたのが、洪庵の主君、足守藩主（現岡山市）の木下利恭《きのしたとしもと》です。蘭学に理解があった彼は自分の跡継ぎに接種させ、人々の恐怖心を払拭します。さらに、大坂商人の薬問屋、大和《やまと》屋喜兵衛《きへえ》が洪庵のスポンサーとなってくれたおかげで、洪庵は除痘館と同時に、西日本を中心にワクチンを分与する分苗所を六四カ所も設けることができたのです。

洪庵は一八五八年にコレラが流行した時も目覚ましい働きをし

ます。彼は何冊もの蘭医書を参考に、わずか一週間で『虎狼痢治準《コロリちじゅん》』を著し、医師一〇〇人に無料配布します。もちろん、不十分な点も多くありました。それでも、昼は診療、夜は執筆という忙しさの中で、必要な情報の発信とスピード感ある対応には見習うべきものがあります。

さらに、洪庵は教育者としても大きな業績を残しています。**大坂北浜に大阪大学の前身となる適塾を開きます。北浜は当時も銅座や金相場会所があった経済の中心地。**近くに輸入薬を扱う薬問屋やオランダ屋敷と呼ばれる外国人専用宿、さらには俵物会所《たわらものかいしょ》もありました。ごく自然のうちに、世界の情報に触れられたのです。

適塾には、青森と沖縄を除いた全国津々浦々から身分に関係なく塾生が集い、福沢諭吉、橋本佐内、大村益次郎、佐野常民《さのつねたみ》、大鳥圭介《おおとりけいすけ》、長与専斎《ながよせんさい》らが巣立ちました。**「人材山脈」とも呼ばれた適塾の近代国家建設における歴史的意義は非常に大きかった**のです。

適塾の教育──切磋琢磨しながら学ぶ

緒方洪庵は一八一〇年、備中足守藩士の三男に生まれました。一八二五年、大坂蔵屋敷の留守居役となった父親と共に大坂に出、翌年、中天游《なかてんゆう》の門を叩き、蘭学と医学を学びます。その後、江戸で坪井信道や宇田川玄真《げんしん》に師事。長崎にも遊学しています。洪庵が大坂で蘭方医として開業したのが一八三八年。同時に、適塾を開校したのです。

適塾の一階には六畳の教室が二間。土間にある井戸は、動物の解剖や化学実験に使われました。二階には塾生が自習し、寝泊りした五〇畳の大部屋と一〇畳の小部屋があり、大部屋では、通い塾生以外の五〇人以上がひしめき合う状態。喧嘩も多くありました、その上、風通しや日当たりの良さ、通路への遠近など、場所の選択はすべて成績順。福沢諭吉に「高徳な人格者」と称された洪庵でしたが、学問には非常に厳しかったのです。

当然、カリキュラムも完全な実力主義で、入塾と同時に蘭語の文典二冊を読むことからスタートします。『ガランマチカ』と『セインタキス』です。まず、この素読と解説を先輩塾生から教わります。その次に、月に六回行われ、能力別に一級から八級に分かれている、現在の大学のゼミのような原書の会読に参加します。その時間以外は自学で、昇級はテストで決まります。

しかも、蘭和辞書『ヅーフハルマ辞書』は、塾に一冊しかない上に室外持ち出し禁止。辞書のある部屋は「ヅーフ部屋」と呼ばれ、一晩中、灯火の消えることはなく、福沢諭吉も「これ以上できないというほど勉強した。枕というものを使ったことがない」と後年、語っています。

そして、上級者のみが塾所有の蔵書を自由に読むことや、洪庵の講義や直接の教示を受けることが許されました。この時代、有名な塾には吉田松陰の松下村塾もありましたが、松下村塾では松陰が前面に出て教えていたのに対し、適塾は洪庵自ら教えることが少ないカリキュラムでした。洪庵は、**塾生が切磋琢磨しながらも自ら学ぶシステムの構築を目指し、成功していた**

のです。だからこそ適塾は長く存続し、多くの英傑を輩出できたのかもしれません。

コミュニケーション能力が高く、社交的

当時、巷では尊王攘夷の嵐が激しく吹いていました。その嵐の真っ只中にあえて飛び込んでいったのが松陰です。つまり、松下村塾では思想教育が強く行われていました。

しかし、洪庵は思想やイデオロギーには全く関与しませんでした。ロシア提督プチャーチンがディアナ号で大坂に入港した際の通訳は適塾生でしたが、洪庵自身はそういう蘭学の使い方さえ、あくまでも塾生任せでした。もちろん、洪庵の元には豊富な情報が集まっており、開国は世界の趨勢と認識もしていました。それでも、**塾生の多様な出身や考え方を慮《おもんぱか》り、あえて政治的中立のスタンスをとりました。**穿《うが》った見方をすれば、洪庵には、**他人からの指示や押し付けから生まれるものは決して本物にはなれない、本物は自主性の中から生まれる**という、信念にも似た確固たる教育観があったのでしょう。

その一方で、洪庵は実に柔軟な人物でした。「蘭学なら適塾」とまで評価されていながら、晩年には塾生のために「英蘭辞書」を購入し、英語の学習を始めています。実は、この辞書は現代の価格にすれば、一冊一〇〇万円もする高価なもの。それでも、洪庵はその価値はあると考えた。時代が確実にオランダ語から英語に変わると読んでいたのです。ある意味、蘭学も適

塾も、彼にとってはあくまでも人材育成のためのツールであったと言えるのかもしれません。

また、洪庵は**コミュニケーション能力が高く、社交的でした。全国の蘭学者や医学者ばかりか、漢学者、旗本、薬問屋、豪商、驚くことには歌人などとも付き合いがありました。**それも気さくな関係だったようです。そんな洪庵にとって、一八六二年に江戸に招聘され、西洋医学所頭取として、肩肘を張る生活は不本意なことでした。息子への手紙には、蘭学者ゆえに風当たりが強いことの愚痴や、身の危険を感じてピストルまで購入したという記述もあります。

そして急死。江戸に移って一年後、五四歳の時です。強いストレスが原因と言われています。「法眼《ほうげん》」という呼称の、医師として最高位に祭り上げられたために、「己の心に適《かな》うところを楽しむ」という意味の号、「適々斎」の思いから遠く離れてしまったということかもしれません。ただ、不本意な最期とは言え、「世のため、道のため」という彼の信念に違わないその一生を改めて眺めると、「金を残すは三流。名を残すは二流。人を残すは一流」という言葉が自然と浮かんできます。そして、新しい日本の礎となる、一〇〇〇名を超える門下生を育て上げた洪庵は、まさに一流の人物でした。

余談ですが、「健康」という語は緒方洪庵の造語と言われています。洪庵がその概念自体をつくったのです。とはいえ、その語が一般的になったのは福沢諭吉の『西洋事情』で使われたため。師弟が手を合わせた成果と思うと、自然と笑みがこぼれてくるのは私だけでしょうか。

Nabeshima ● Naomasa(Kanso)

鍋《なべ》島《しま》直《なお》正《まさ》（閑《かん》叟《そう》）

1815年1月16日～1871年3月8日

「佐賀の妖怪」と呼ばれ

不安は先進性の母

リーダーの条件の一つにキャパシティの大きさがあります。鷹揚さがない神経質なリーダーなんて言語道断ということでしょう。ただ、自らの神経質を経営に活かした人物が幕末にいました。佐賀藩主、鍋島直正。閑叟という号で知られる人物です。

鍋島閑叟はいつも手を洗っていたそうです。つまり、相当な潔癖症。当然、不安神経症だったことも推測できますが、閑叟の不安こそが幕末の日本を、佐賀藩を牽引する力だったこともまた確かなのです。

佐賀藩は長崎警護をしていたこともあり、世界情報を逸早く手にできました。そして、黒船来航より四年も早く、外国船の来航を予想します。そこで、閑叟は日本最初の製鉄所を開設し、上野に籠った彰《しょう》義《ぎ》隊《たい》を一発で殲《せん》滅《めつ》したアームストロング砲をはじめとする西洋式武器や蒸気船を開発させます。

考えてみるまでもなく、現実と、自分自身や周囲のあるべき姿、あってほしい形はなかなか合致しません。それどころか、合致点ゼロの場合だってあります。裏返せば、そういう時こそ、リーダーの力量が問われるのです。

そして閑叟は、もし外国が攻めてきたら…などと、**すぐに不安に陥る自分のマイナス面を先進性の母とし、それによって優れたリーダー性を証明した**のです。

ところが、**当時、日本唯一の工業主義者だった閑叟にもかかわらず、歴史上の評価は、「佐賀の妖怪」「そろばん大名」と呼ばれるだけ。歯がゆささえ感じます。**

自藩の製品開発と人材育成

「国際社会において、武器などの売り手は、自国で使用するものより優れた製品は決して売らない」、それが閑叟の考え方です。当然の理屈ですが、あの時代、誰も考えつきませんでした。そして、閑叟がそこから導き出したのが、自藩での製品開発とそのための人材育成が必須ということでした。

しかし、閑叟が藩主になった当時、佐賀藩は経済的に逼迫し、節約倹約に努めざるを得ませんでした。「そろばん大名」と呼ばれる所以です。

しかも、城の一部が焼失する火事が起きます。すると、閑叟は即座に再築をしないことを決定。城の縮小を理由にリストラを断行します。さらに農政改革を行い、藩内産物（石炭、白ろう、陶器など）を藩の独占販売にもしています。そうやって財政を完全に立て直し、その資金を基に教育改革と技術革新に取り組んだのでした。

一般的に、改革を目指す時、最初に考えるのが財源です。財源がなければ、改革は机上の空論として自ら退けてしまいます。けれども、閑叟は違いました。**彼は財源の確保を生み出したばかりか、教育改革と技術革新までも考えていった**のです。

まず、藩校、弘道館の充実。科学技術知識重視のカリキュラムや、寄宿制などの学制改革に着手します。その一方で、敷地内に蘭語を主とする外国語学校や医学寮「好世館」も設立しました。ここでは天然痘の研究まで行い、種痘を実施しています。

技術革新のためには、精錬方《せいれんかた》という理化学研究所を創設します。特筆すべきは、佐賀藩自体は「二重鎖国」と言われるほど、他藩との出入りは厳禁としていたにもかかわらず、**精錬方では全国から身分を問わず、優れた人材を招いていたことです。**

優秀な人材の一人には、後に東芝の創業者になり、「東洋のエジソン」と称された田中久重《ひさしげ》(からくり儀右衛門)がいました。精錬方では、鉄をつくる反射炉をつくり、アームストロング砲などの製造の傍ら、火薬をはじめとする化学薬品やカメラ、電信機、ガラスの製造まで行いました。蒸気機関車や西洋式蒸気船、それも大砲を積載できる本格的な軍艦までもつくります。一八五八年には三重津《みえつ》に蒸気船を使っての海軍教育施設も創設しています。優秀な人材の招致と、それによる人材育成の相乗的な効果をも、閑叟は十分に理解していたのです。

福沢諭吉の『西洋事情』を愛読書にしていた彼は知識欲も旺盛で、長崎のオランダ軍艦に自ら乗り込んだりしています。天然痘の種痘に至っては、我が子にも接種させています。

そして、好奇心や探究心に基づいたフットワークの良さによって得た結論の一つが、「共創」の発想であり、プロジェクトチームの創設だったのです。だからこそ、反射炉創設に何度も失敗し、**切腹を覚悟していた責任者に対しても、責めずに励まし続ける寛容さを発揮できた**のではないでしょうか。

この師ありて…

「もし、佐賀の乱の時に鍋島閑叟が生きていたら、江藤新平（63P）の最期はああはならなかった」。歴史に「もし」はあり得ないのですが、それでもそう言われるほど、閑叟は軍事力をバックとした絶大な力を持つ、日本のキーマンでした。

その一方で、藩士の行動には寛容で、大切にしました。雄藩と呼ばれる諸藩が、権力の主導権争いに明け暮れ、多くの有能な士を失ったあの時代にあって、その波に飛び込まなかった閑叟は、人こそ最高の財産だと確信していたと言えます。

実際、守旧的な弘道館教育の枠に収まらなかった大隈重信《おおくましげのぶ》（241P）の才を惜しみ、グイド・フルベッキ（236P）の下で学ぶチャンスを与えたのは閑叟でした。「明治政府の羅針盤」と呼ばれたフルベッキは、新約聖書、アメリカ憲法、独立宣言を教材に用い、また、世界の最新の外交、法律、財政、防衛等についても教えていきます。そして、大隈が致遠館《ちえんかく》という英語学校を長崎に設立する際には、閑叟は資金援助を惜しみませんでした。

そんな佐賀藩からは明治政府の要人が何人も巣立っていきました。それは、『葉隠』という武士道の国に生まれながら、その儒教的考えに縛られず、自らの目で耳で実際に得た情報を大事にする、柔軟性を備えていた閑叟だからこそできたことです。

では、彼自身はそんな柔軟性や見識の高さをどうやって身につけたのでしょうか。病的な潔癖症、不安神経症だった閑叟です。普通なら「守り」だけに終始しがちです。それを変えたのが教育でした。

閑叟は古賀《こが》穀堂《こくどう》という儒学(朱子学)者を教育係として育ちます。穀堂は、自学自得、討論重視、実地との統合を核とした実学主義の教育を閑叟に授けます。昭和になって陽明学者である安岡《やすおか》正篤《まさひろ》は、**穀堂の教育こそ、まさに「オンリーワン」を大事にする教育だったと高く評価しています。**

そういう師を選び、その師についたからこそ、閑叟自身も自らのマイナスの資質をプラスに転化できました。さらに藩士たちの可能性を信じ、育てることができたのです。**「この師ありて閑叟あり」。良き師に学ぶ重要さは古今東西、不滅の真実なのです。**

James ● Curtis ● Hepburn

ジェームス・カーティス・ヘボン

1815年3月13日〜1911年9月21日

日本語を世界に知らしめた宣教師

ヘボンさんでも草津の湯でも…♪

ジェームス・カーティス・ヘボンは一八一五年、ペンシルベニア州ミルトンでプロテスタント長老教会の敬虔な信徒である両親の元に生まれました。長老教会が創設したプリンストン大学に一六歳で入学。卒業後はペンシルベニア大学で医学の学位を取得、開業医として働きます。そして、海外伝道に同じ使命感を持つクララと結婚。二人は一八四一年、その使命感に従い、宣教師としてシャム（現在のタイ）に向かいます。しかし、何の成果も得られないうちにマラリアに罹り、一八四六年、失意のうちに帰国せざるを得なくなります。

帰国した夫妻はニューヨークで医院を開業。医院はとても繁盛します。ところが、一八五八年、日米修好通商条約締結の情報を耳にすると、ヘボンは躊躇なく長老教会に日本への派遣を申請するのです。ヘボン四四歳。決して若くない再出発でした。

一八五九年一〇月、来日したヘボン夫妻は横浜の浄土宗、成仏寺に居を定めます。しかし当時、日本ではキリスト教布教は禁止されています。そこで、ヘボンは近くの宗興寺で医療活動を始めます。一八六二年末には横浜居留区に移り、施療所や集会所兼礼拝堂を建てます。ヘボンは何千人もの患者をアメリカ時代に得た財産を使い、無償で診療したのです。

ただ、最初は患者なんてほとんどいません。ところが、眼病のトラホームが流行します。ヘボンが学んだペンシルベニア大学はとりわけ眼科医療に優れており、ヘボンの腕の発揮どころでした。実際、ヘボンが処方した点眼液の精錡水《せいきすい》はその後、爆発的に売れてもいます。

あの有名な生麦事件でも、負傷者二名を治療したのはヘボンだと言われています。英公使館には英人医師がいたのですが、不測の事態に際した神奈川奉行所の役人の頭に真っ先に浮かんだのが、その**人格の高潔さから、「西洋の君子」と呼ばれていた**ヘボンでした。

また、当時、人気歌舞伎役者だった三代目、澤村田之介の壊疽《えそ》に侵された右足を切断し、その後、アメリカから輸入した義足で澤村を再び舞台に立てるようにしたのもヘボンです。

横浜の俗謡では、**「ヘボンさんでも草津の湯でも♪恋の病は治りゃせぬ♪」と、逆説的に歌われるほど尊敬され、慕われていたということです。**

もちろん、彼自身、日本に溶け込む努力を重ねていました。例えば彼は名女優キャサリン・ヘップバーンの一族。その「ヘップバーン」の発音、日本人には「ヘブン」と聞こえるようでした。そこで、彼は自らそう名乗り、「平文」「平本」と漢字でも表記しました。

教育、辞書、そしてヘボン式ローマ字

ヘボンは教育活動も行っています。まず一八六二年から翌年にかけ、幕府の要請で大村益次郎ら九名を依託学生として受け入れ、英語や数学を教えました。この時の、大村の英文をヘボンが添削した原稿や、「西洋の知識と学問に対する（日本人の）向学心は同じ状態にある他国民の到底、及ぶところではありません」という彼の言葉も残っています。また、ヘボンの感化で、蘭学者や漢方医の中にも西洋医学を学ぼうと、医学生となった者が十数人いたそうです。

この後、ヘボンは男女を問わずに学べる私塾「ヘボン塾」を開きます。後の明治学院、そしてフェリス女学院の原型です。この塾では、後の大蔵大臣、総理大臣を務めた高橋是清《たかはしこれきよ》や、後の外務大臣、逓信大臣の林董《はやしただす》、そして初代三井物産社長、益田孝《ますだたかし》などが学んでいます。後年、高橋是清は帰国したヘボンをアメリカに訪ねるほど尊敬し、また、林董は履歴書の学歴欄に必ず、「ヘボン塾」と明記したそうです。この塾が単なる英語塾ではなく、そこでの学びが人間形成にいかに大きな足跡を残す存在だったかが窺えます。

医師として教育者として名を馳せていったヘボンでしたが、彼の一番の功績は何と言っても、ヘボン式ローマ字の発明と、それを使っての本格的和英・英和辞書の編纂でしょう。

当時、存在した唯一の英和辞書は、幕府の洋書調所《しらべしょ》が一八六二年に発行した『英和対訳袖《えいわたいやくしゅう》

珍辞書《ちんじしょ》』。この辞書は、英語と対応する日本語が単にそれぞれ一個ずつ記された、単語帳のようなものに過ぎませんでした。かねてから聖書の日本語訳の必要性を感じていたヘボンは、その仕事に取りかかるため、塾の運営を学校教育の専門家で信仰心の厚いジョン・C・バラ夫妻に委ねます。そして、自らは常に手帳を片手に、「コレハナンデスカ」と片言の日本語で尋ね回り、語彙を収集していったそうです。やがて、ヘボン塾は「バラ学校」と呼ばれるようになりますが、この「バラ学校」にはあの岡倉天心も学んでいます。

一八六七年、ついに日本初の本格和英・英和辞書『和英語林集成《わえいごりんしゅうせい》』が出版されます。初版は見出し語二万、一八八六年出版の第三版は三万五〇〇〇語にもなったこの辞書は大変好評で、第三版は一万八〇〇〇部の予約があったと言います。ヘボンはこの版権を丸善に譲り、その代金二〇〇〇ドル(当時の日本円で一万円)を明治学院に寄付します。この寄付金で明治学院は「ヘボン館」という立派な寄宿舎を建てたのです。**ヘボンにとっては、日本語と英語のつなぐ媒体をつくり上げること、それこそが価値も意味もあること**だったのでしょう。

しかも、この『和英語林集成』を超える辞書の出現は、何と二九年後の三省堂発行のブリンクリー・南条・岩崎他共編の『和英大辞典』まで待たねばなりませんでした。そして、**このヘボン式ローマ字表記法は、一五〇年以上経過した現在も日本全国で使用されているのです。**

DO FOR OTHERS

ヘボンは、まさに彼が創設した明治学院の校是、「DO FOR OTHERS」を身をもって貫く生涯を送りました。しかし、それは常に哀しみを背負ったものでもありました。最初の伝道地で長男を、帰国したニューヨークでも三人の息子を失ってしまいます。残った一人息子は日本に向かう際、知人に預けたのですが、そのためでしょうか。親子関係は生涯、円満というわけにはいきませんでした。まさにすべてを投げ打っての日本での布教だったのです。

実際、**雇った下僕はヘボンの動向を窺うスパイばかり。暗殺の危険はいつもありました。クララが暴漢に棍棒で殴られたことも…。**命に別状はなかったものの、彼女は生涯、頭痛に悩まされることになります。ヘボンは療養のためにクララを一時、帰国させたりもしましたが、**日米間にひびが生じることを懸念してか、生涯、口外することはありません**でした。

一八九二年秋、ヘボンは三三年間滞在した日本からの帰国を決意します。日本人と日本文化に尽くした彼の別れの言葉は、「私はこの三三年間、日本の人々の力になる機会を与えていただいたことに対し、神に限りなく感謝しています」でした。

一九一一年九月二一日の朝、ヘボンはアメリカで九六歳で永眠しました。その同時刻、明治学院のヘボン館が原因不明の出火で炎上してしまいます。東京朝日新聞はこのことを、「亦《また》奇なりといふべし」と論じたのでした。

William ● Smith ● Clark

ウイリアム・スミス・クラーク

1826年7月31日〜1886年3月9日

「少年よ大志を抱け」が意味するもの

奇跡の教育

老若男女を問わず知っている言葉に、「少年よ大志を抱け」があります。これは札幌農学校（現北海道大学）の初代教頭ウイリアム・スミス・クラークの別れの言葉。彼が札幌で教えたのはわずか八カ月余りで、しかも、学生は入学時が二四人、彼が去る時には一六人と記録されています。そんな短い期間のわずかな学生相手の教育が、「少年よ…」の言葉と共に、一四〇年余経った今も色褪せずに人々の心に残っているのです。彼の教育が「奇跡の教育」と称されている所以です。

ウイリアム・スミス・クラークは「博士」と呼ばれるように、大学で化学や鉱物学、植物学、動物学などを学び、化学で博士号を取得しています。アマースト大学教授を経て、マサチューセッツ農科大学（現マサチューセッツ大学アマースト校）の学長を務めていた時、日本からの熱烈な要請を受けたのです。

アマースト大学では、あの新島襄が講義を受けています。博士の来日を説得したのが新島だったという説さえあります。実際、博士が帰国する際には新島に挨拶に行った記録や、博士自筆の手紙に新島の名前が残っているなど、親密さは十分に窺えます。ただ、現在はっきりしているのは、あくまでも北海道開拓使長官、黒田清隆の要請で開拓事業指導者育成のために来日したということだけです。クラーク博士、五〇歳の時でした。

少年よ大志を抱け

教頭とはいえ、札幌農学校のカリキュラムをつくったのはすべてクラーク博士でした。教育理念も…。その理念はたった一言で表現できます。「Be gentleman.（紳士たれ）」。

教師という者はとかく丁寧さを求め、いろいろなものを細則化しがちです。しかし、**最も大事なのはあくまでも教育理念です。この学校でどんな教育をして、どんな学生を育成するか、それを教師間で共有し、端的に表現し、学生自身に実践させる。**それだけです。そして、クラーク博士が紳士育成の手立てとしたのが、幼い時に自らの精神の核をつくり上げた、キリスト教による道徳教育の導入だったのです。

キリスト教の禁制が解かれたばかりの時代です。官立の学校で聖書使用への反対がいかに熾《し》烈《れつ》だったかは容易に想像できます。しかし、クラーク博士は自分の信念を貫き通します。成功の鍵は、博士が教授として二人の人間をアメリカから同行していたこと。自身の目指す経営のためには孤軍奮闘ではなく、同志が必要であることがわかっていたのでしょう。

その上で、**博士は学生と直に交わりながら、丁寧にキリスト教や農業などを教えていきます。まさに師弟同行の歩みです。**ただ、「札幌バンド」と呼ばれ、「奇跡の教育」の象徴とも言える内村鑑三、新渡戸稲造、宮部金吾らは第二期のメンバーで、彼らが入学した時には、博士はすでに農学校を去っていました。それでも、その教えは一期生を通して浸透していきます。

それを可能ならしめた最大の要因は、クラーク博士が教えたのが、単なる断片的な知識や一方的に押しつける道徳ではなかったことでしょう。それどころか、受け手の心の琴線が震え出し、人と共有したい欲求をも駆るような、感動の大きいものだったと推測されます。

では、受け手の学生たちの感動はどうやって生まれたのでしょうか。私は、学生自身が「私にこそ話しかけている」「この自分にこそ寄り添ってくれているんだ」という皮膚感覚を持てるか否か、そこに成否の分岐点があると思っています。学生たちの優秀さもさることながら、異国の人間を教えながらも、きっとクラーク博士は常にそれを心がけていたのでしょう。その結果、あの「少年よ…」という言葉が誕生したのです。

実は、この言葉は、教え子の第一期生の大島正健《おおしままさたけ》（後に甲府第一高等学校第七代校長）がつくった漢詩に「青年奮起立功名」とあることから、これを逆翻訳したものと言われていた時期もありました。現在は博士自身の言葉に間違いないと証明されています。

天の神への報告

学者や教育者としての側面がクローズアップされがちなクラーク博士ですが、南北戦争の時は大佐に昇進するほど、有能で勇猛果敢な北軍の軍人という一面もあります。私の興味を惹いたのが、自分の戦いの様子を表現した際に、あの「来た、見た、勝った」というカエサルの有名な言葉をもじって使ったこと。博士は磨かれた言葉のセンスの持ち主でもあったのでしょう。

実は、「少年よ…」の言葉、正確には、「Boys, be ambitious like this old man.」と博士は叫んでいました。それも馬上から…。ですから、そこに込めた気持ちは、**単に「みんな頑張れよ！君たちよりずっと年上の俺だって頑張っているんだから…」的な気楽なもの**で、大上段に構えるようなものではなかった、とも言えます。

それでも、言葉の力を知る、磨かれた言葉のセンスの持ち主だった博士です。別れのメッセージとして、インパクトのある短い言葉を事前に吟味し、選択していたということもあながち否定はできません。

よく言われることですが、インパクトのある言葉、人を惹きつけるメッセージやキャッチコピーなどには、あるセオリーがあります。例えば、言葉は三〇字以内、できれば二〇字以内が好ましい。また、誰に向けて発するのか、ターゲットをはっきりさせる必要もあります。さらには、そのターゲットの感情に働きかける言葉であることも…。ただ、最も重要なのは、時代や場所、空気などのバックグランドをきちんと把握することです。

つまり、**「少年よ…」が日本全土に広がったという最大の要因は、そういう生き方を求める者が日本全土に確実に存在していることを、博士がはっきりと認識していた**ということなのです。あの時代の日本という国のうねりを異国から来た教育者は見抜いていたのです。

教育は、しばしば種撒きにたとえられます。小さな種が花を咲かせ、実をつける。そのための行為こそが教育の本質であり、土壌に適した種を、適した時期に撒く、その最初の一歩が大事だということでしょうか。クラーク博士の招聘について言えば、二年契約を考えていた日本政府に対し、博士自らが一年と区切ります。曰く、「肝要なことは、ほとんど一年で成せる」。そして、まさにその言葉通りの実践を行ったのでした。

アメリカに戻った博士は決して幸せな生活を送ったわけではありません。洋上大学構想を打ち上げたり、鉱山会社を設立したりしますが、どれも失敗。残ったのは多額の借金だけでした。失意のうちに健康を害し、六〇歳で亡くなります。死に際しての言葉は、「天の神に報告できることは一つだけある。それは札幌における八カ月だった」でした。

農学校での日々は博士にとって、教育の手応えを実感できる、人生で最も充実した時間だったのです。

Shimoda ● Utako

下田歌子《しもだうたこ》

1854年9月30日～1936年10月8日

スキャンダルに屈せず女子教育を推進

明治の紫式部

女子教育の先駆者として津田梅子と並んで有名な女性に下田歌子がいます。本名は平尾鉐《せき》。時の総理大臣、山縣有朋《やまがたありとも》をして、「清少納言、紫式部の再来」と言わしめた女性です。

歌子は一八五四年、美濃の国、岩村藩の漢学者の家に生まれました。幼い時から漢籍や四書五経を学び、和歌、俳句の国文学を嗜《たしな》むなど、頭脳明晰な才女でした。ただ、**女子には藩校で学ぶ機会もなかったため、自宅の蔵書を独学で読み漁った**と言います。その中で特に夢中になったのが『源氏物語』でした。

歌子が五歳の時、尊王論の父親が蟄居《ちっきょ》幽閉の身となってしまいます。やっと幽閉が解かれたのは一一年後。すぐに一家は上京し、歌子が一九歳の時には、歌の師匠、八田知紀《とものり》の推挙により宮中の女官に採用されます。そして、美子《はるこ》皇后から特別に寵愛され、その和歌の才から歌子の名を賜わるのです。以来、二一歳で権命《ごんのみょう》婦《ぶ》に昇進するなど、異例の出世を果たしていきます。ところが一八七九年、父親が勝手にまとめた剣士、下田猛雄との結婚のため、退官を余儀なくされるのでした。

専業主婦になった歌子の元にある日、後の文部大臣、井上毅《こわし》が訪れます。政府高官の子女の私塾開設の要請のためでした。当時の高官は下級武士出身が多く、夫人の中には無学の者さえいたのです。夫が病に倒れ、収入が途絶えていた歌子にとっては渡りに船の話でした。

一八八二年、二八歳の歌子は私塾、桃夭女塾《とうようじょじゅく》を開塾。漢学や修身などの教育を行います。一八八四年、夫が病死すると、歌子は新設される華族や皇族が通う女学校の責任者に抜擢されます。桃夭塾の実績を聞いた美子皇后や要人たちの推挙によるものでした。

翌年、華族女学校（後の学習院女子部）が開設され、三一歳の歌子は教授に、さらに学監（現在の教頭）に就任します。桃夭女塾は廃校となり、その生徒たちも華族女学校に入学したので、生徒数は一四〇名に達したと言います。歌子はそこで校長の事務代行も務めるなど、中心的な働きをします。また、『和文教科書』『国文小学読本』などの教科書の編纂も行っています。

帝国婦人協会、実践女学校、夜間女学校を設立

歌子は二人の内親王の教育係も任されることになります。その教育方針を決めるために、一八九三年からはロンドンに赴き、そこで私立の女学校にも通ったりしています。そして、何とビクトリア女王への拝謁も果たしています。一留学生が女王に会うことなど簡単にいくはず

もありませんでしたが、それでも歌子は諦めず、交渉を続け、二年後の一八九五年、ようやく許可が下りるのでした。拝謁の日、バッキンガム宮殿で女王の前に現れた歌子は、袿《うちぎ》、袴を着用した平安朝の装い。つまり、十二単。そのインパクトある優雅な姿に英国王室からも感嘆の声が上がったと言います。

歌子はイギリスの女子教育の実態をつぶさに視察する中で、**一般大衆の女子教育の重要性はもちろんのこと、知育・徳育のみならず体育の必要性を痛感します。**そして、庶民にまで浸透している教育水準の高さがイギリスの強さ、繁栄につながっていることを実感するのでした。その後、フランス、ドイツ、ベルギー、イタリア、アメリカを経て帰国。欧米滞在中のことは『欧米二州女子教育実況概要』『泰西《たいせい》婦女風俗』などの見聞録にまとめています。

帰国後は華族女学校学監に復帰し、内親王教育担当も続ける一方で、帝国婦人協会を設立。自ら資金集めに乗り出し、その資金を基に社会に役立つ**実践的な知識や技術の習得を目指す女学校を、実践女学校をはじめ、次々と設立していきます。貧しい勤労女子のためには夜間女学校も設立**しています。

しかし、この絶頂期の歌子にも陰りが忍び寄ります。裕仁親王（昭和天皇）が入学する一年前、明治天皇の信頼厚い陸軍大将、乃木希典《のぎまれすけ》が学習院院長に就任したのです。剛毅木訥《ごうきぼくとつ》な乃木と女子部の歌子が合うはずもなく、学校経営方針を巡り、対立が生じることになりました。

さらに歌子にとって不運なことは、この頃、社会主義者、幸徳秋水の『平民新聞』に「妖婦、下田歌子」という記事が連載されたことでした。政府の腐敗を糾弾する『平民新聞』がターゲットに選んだのが、当時、日本女性の中で最も高給取りだった下田歌子。当然と言えば、当然です。しかも、歌子にはスキャンダルも噂されていました。その結果、既婚者である伊藤博文との関係や、歌子が権力者を利用して立身出世していく様子を描いたセンセーショナルな連載は『平民新聞』の看板記事となったのです。

吹き荒れるバッシングの嵐の中、一九〇七年、歌子は学習院女学部長を辞任します。しかし、記事の真偽については一切語ることはありませんでした。

車椅子で講義を続ける

あの時代に、宮中や女子教育の世界で、男性顔負けの出世レースを勝ち抜いていく歌子に対する嫉妬がいかばかりだったかは、想像に難くありません。しかし、彼女は一瞬たりとも立ち止まりませんでした。彼女は、時代を築くという強い信念に突き動かされていたのでしょう。しかも、その信念は一瞬も揺るがず、学習院退職後は自ら設立した実践女学校の運営に専念し、教壇にも立ち続けます。学者としても優秀だった彼女の『源氏物語』の講義は、「早稲田大学の坪内逍遙の『シェークスピア論』と並ぶ、歴史に残る名講義」と言われているのです。

もちろん、下田歌子の教育は、あくまで皇室中心主義、国家主義的であり、単に良妻賢母教育に過ぎなかったという評価もあります。それについては、否定もできません。

ただ、当時の女子教育の多くが、単に海外から支援されたキリスト教主義であった中で、**歌子が独自の視点を持つ女子教育の先駆者であったことは紛れもありません。**幼い頃、「女だから…」という理由だけで藩校で学ぶ機会さえも奪われた歌子だからこそ、「女性が学ぶ機会を確保しなければ…」という思いは相当強いものだったのでしょうし、女性が女性ならではの力を存分に発揮できる教育をすること、それが真の近代化への近道だと彼女は信じていました。

晩年、病で車椅子生活になっても、歌子は講義を行い続けます。それさえも叶わなくなると、校長室に生徒を集めて語り続けたそうです。

一九三六年、八二歳になった歌子は、こんな歌を残してその生涯を閉じたのでした。

「迷ひなき　正しき道は　見ず聞かず　言わずむなしき　空に満ちたり」

蛇足ですが、歌子は日本初の制服も考案しました。女子袴です。歌子は着物より機能的な「海老茶袴」をデザインし、華族女学校の制服としたのでした。これは女子学生を「海老茶式部」と呼ぶようになるほど大流行しました。また、卒業式で『蛍の光』を歌うようにしたのも彼女が最初。**下田歌子は時代を先取りするセンスの持ち主だったのです。**

Guido ● Verbeck

グイド・フルベッキ

1830年1月23日～1898年3月10日

勲三等旭日中綬章や永住権も付与された教育者

志士たちの家庭教師

「フルベッキ写真」をご存じでしょうか。これはグイド（・ヘルマン・フリドリン）・フルベッキを中心に、若き日の西郷隆盛、坂本龍馬、高杉晋作や、何と明治天皇まで写っていると言われた集合写真。検証の結果、現在はフルベッキと致遠館《ちえんかん》の教え子である岩倉具定《いわくらともさだ》、相良知安《さがらともやす》ら四六人との記念写真だという説に落ち着いていますが、少し前にはテレビ番組でも取り上げられるなど、大きな話題になりました。

ただ、重要なのはこの写真の人物たちが実際は誰だったかという点ではありません。それよりも、幕末の志士が一堂に会し、写真を撮ったという、ある意味、荒唐無稽《こうとうむけい》とも言える考えに信憑性を持たせることができた、当時のフルベッキの存在の大きさなのです。

オランダ生まれの宣教師フルベッキは教育者であり、後には自ら政府の中枢にいて、教育、外交、政治、交通、翻訳、法律など多様な分野で活躍し、五里霧中であった明治政府の羅針盤となった人物です。彼が四七歳で政府の仕事を退く際は、外国人としては破格の勲三等旭日中綬章が授与され、永住権も与えられたほどでした。

フルベッキは一八三〇年、オランダのザイストに生まれます。ユトレヒト理工学校で学び、一八五二年、二二歳で移民として渡米します。二五歳でオーバン神学校に入学、二九歳で卒業。この年、日本行きを志願し、長崎にやってきます。長崎で幕府の洋学校、済美館の英語教師として雇われたのが一八六〇年のことです。その後、大隈重信（241P）や副島種臣《そえじまたねおみ》らが設立した佐賀藩の洋学校、致遠館の校長に就任します。

フルベッキは**単に英語を教えただけではありません。彼が致遠館で教科書として使用したのは新約聖書、アメリカ憲法、独立宣言など、幅広いものでした。**教え子の大隈重信、副島種臣、江藤新平（63P）、山口尚芳はもちろんのこと、出入りしていた井上馨、小松帯刀《たてわさ》、伊藤博文、高橋是清《これきよ》らがいかに彼に感化されたかは想像に難くありません。

余談ですが、薩摩藩や土佐藩がフルベッキを引き抜こうとした際には、大隈らが一〇〇〇両の給金を支払って阻止したと言われています。

岩倉使節団の企画書「ブリーフ・スケッチ」

明治新政府から要請され、その顧問になったフルベッキは、信教の自由が認められることを願っていました。と同時に、日本が一八五八年にアメリカ・イギリス・フランス・ロシア・オランダと結んだ修好通商条約などの不平等の是正も望んでいました。

そこで、フルベッキは日本の使節を欧米に派遣する企画書（「ブリーフ・スケッチ」）を大隈に提出します。しかし、このブリーフ・スケッチを大隈が岩倉に示したのは、二年後。不平等条約改正の議論が始まった後でした。岩倉はすぐにこの提言の価値を理解し、フルベッキと直接、会います。そして、何と留学生も含め、総勢一〇七名の大使節団を編成し、結果的には二二カ月という長期間、日本を離れることにするのです。**一八七一年、有名な岩倉使節団の誕生です。この時のフルベッキの提言の素晴らしさは、不平等解消に向けての対応法から報告書の書き方まで、的確で詳細な指示があったことだと言われています。**

また、フルベッキは大学南校（現在の東京大学）の教頭に破格の待遇で招かれ、近代の大学の制度、組織、設備を整えることにも寄与しています。彼自身が教鞭も執りました。その後、彼の願いであった信教の自由が認められるようになると大学を去り、東京一致神学校（現在の明治学院大学）の創立に参画。そこで教えてもいます。

彼はドイツ医学の導入にも力を貸しています。イギリス医学を日本の規範にしようとしていた政府の中で、ドイツ医学の導入を訴える教え子、相良知安の援護射撃を行い、成功させます。それほど、フルベッキの科学的知識は誰もが一目置くものだったのです。

フルベッキは旧約聖書の翻訳にも関わっています。そればかりか、漢訳書籍の輸入頒布も…。また、留学生の斡旋などを行い、オランダのラトガース大学を中心に、数多くの留学生を送り込んでいます。岩倉具視の子の具定《ともさだ》と具経《ともつね》、勝海舟の子の子鹿《ころく》、横井小楠《しょうなん》の甥、松平春嶽《まつだいらしゅんがく》の部下などが海外への扉を開けたのは、フルベッキの存在があったからだったのです。

教師の能力で広げた人脈

フルベッキは宣教師仲間のJ・H・バラ神父から「神と共に歩むが、走らない人」と称されます。それほど、無理をせず、無理をさせずに、布教に関しては時間をかけて取り組んだのです。そんな一人の宣教師が、日本の近代化にこれほど深く関わり、日本の黎明期のリーダーたちから全幅の信頼を得ていた事実、それは想像をはるかに超えるほどの驚きでもあります。それを可能ならしめた要因は、いったい何だったのでしょうか。

まず、フルベッキ自身の人柄が第一に考えられます。彼はとても優しく誠実でした。秘密を保持する慎重さもありました。加えて、好奇心が旺盛で、記憶力も抜群でした。どの本の何ページの何行目に何が書かれているかまで詳細に覚えていたという証言も残っています。蘭語、独語、仏語、英語にも通じていました。

しかも、彼が属するプロテスタント組織は翻訳出版に熱心であり、世界中の最新の出版物も手に入れやすい環境にいました。また、宣教師仲間はエリート揃いで、宗派を超えた協力関係もできていました。そして、フルベッキ自身の親戚に、あの東インド会社の幹部もいました。

つまり、まだ専門性という次元までは必要としない、ただただ深い霧の中を手探りで進んでいたような当時の日本においてならば、フルベッキは分野を問わず、近代化のあらゆる要請に答えを出すぐらいの情報を持ち、それを活かす知識と問題解決能力は備えていたのです。

ただ、フルベッキの劇的な活躍の最大の要因は、彼が長崎の済美館や致遠館で教える中で、全国から集まった俊才の信頼を得たことにあるのではないでしょうか。**フルベッキは、自ら教えるという行為を通して人脈を広げていったのです。**

そして、大隈や副島ら佐賀藩の教え子が明治政府で活躍するようになると、政府顧問、教師として東京に招聘され、さらに活躍の場を広げていきます。これは、歴史的にも稀有なケースです。**近代日本の黎明期の羅針盤とも言える存在のフルベッキの活躍は、彼の出自と性格、資質、そして教師としての力量などが組み合わさって生まれた、一つの奇跡なのです。**

実はフルベッキは祖国を五年以上離れていたためにオランダ国籍を失い、アメリカ合衆国の市民権も滞在年数不足のために得られず、文字通り無国籍でした。そんな彼が一八九八年、六八歳で死去すると、柩《ひつぎ》は近衛兵に担がれ、東京都が用意した青山墓地に葬られました。横には、高橋是清ら教え子三九人が募金をして建てた記念碑も残っています。

Okuma ● Shigenobu

大隈《おおくま》重信《しげのぶ》

1838年3月11日～1922年1月10日

国民の精神の独立のために

卓越した先見性と交渉能力

早稲田大学に足を踏み入れると、右足を爆弾で失ったがために杖をついた、角帽・ガウン姿の大隈重信の銅像が迎えてくれます。その堂々とした立ち姿には、大隈の生き方と意志の強さが投影されているかのようです。

大隈重信は一八三八年、佐賀藩に生まれました。七歳で藩の初等教育機関・蒙養舎《もうようしゃ》に、そして一六歳で藩校・弘道館に入学するのですが、気性の激しさから退学の憂き目に遭います。しかし、藩主の鍋島直正（216P）は大隈の才を惜しみ、長崎に送り、宣教師フルベッキ（236P）の元で英語はもとより、イギリス、アメリカの文化や思想、知識、技術を学ぶチャンスを与えます。

すると、大隈は英語教育の必要性を痛感し、二七歳の時に長崎で致遠館《ちえんかん》という英語塾を設立します。ただ、前面には人当たりの良い、温厚な副島種臣《そえじまたねおみ》を立てることも忘れません。設立資金は直正が全面的にバックアップしたようですが…。致遠館ではフルベッキを校長に迎え、そこで自らも教わる一方で、教鞭も執りました。幕府役人だった勝海舟の子の小鹿《ころく》、岩倉具視の子の具定《ともさだ》、具経《ともつね》も生徒で、大隈から直接習ったと言われています。

大隈は交渉能力にも抜きん出ていました。有名なエピソードが「浦上キリスト教徒弾圧事件」です。交渉を任された大隈は、「主権国家における内政不干渉」の原則を盾に、キリスト教徒への厳しい処分などを激しく抗議する**イギリス公使パークスを相手に、一歩も引かずに外交論戦を交わします。その器量に圧倒されたパークスはその後、大隈に力を貸すことにもなるのでした。実際、新橋〜横浜間の鉄道建設の資金もイギリスからの借款で準備されたのです。**

これら数々の功績により参議に任命された大隈は、一八七一年、岩倉遣欧使節団が日本を出発すると、「鬼のいぬ間に」とばかりに、残留メンバーと共に、学制、徴兵令、地租改正、司法制度、宗教政策など、新政府にとって重要な政治改革を勝手に次々と断行してしまいます。

そして、西南戦争を経て、革命一次世代が歴史の表舞台から姿を消し、大隈や伊藤博文などの時代が到来します。彼らが大隈の築地の私邸に集まり、将来の展望など、政治談議をしていたことを世間では「築地梁山泊」と呼んだそうです。

この頃、次第に板垣退助らの自由民権運動が高まっていきます。大隈はイギリス型の立憲主義に基づく議会政治の必要性を訴え、ドイツ憲法支持派の伊藤や井上馨と対立することになります。そして、「明治一四年の政変」（一八八一年）によって下野するのでした。

学問の独立と早稲田大学の創設

下野した大隈は立憲改進党を立ち上げました。同時に、立憲政治の指導的人材育成が急務と考え、学校の設立を構想。すぐに、新聞に東京専門学校（一九〇二年早稲田大学と改称）の開設と入学者募集の広告を掲載します。

東京専門学校には大きな特色がありました。まず教科書。唯一の大学である東京帝国大学や他の高等教育機関は洋書を用いるのが一般的でした。つまり、学生たちは最初に外国語を習得せねばならず、専門的学問に進むには時間がかかります。しかし、大隈は短期間での人材育成が必要と考え、日本語による教育にこだわりました。

もう一つが授業料。東京帝国大学の授業料が一カ月あたり二円五〇銭に対し、東京専門学校では一円（後に一円八〇銭）という安さ。**いかに大隈が、多くの若者に門戸を開こうとしていたか**がわかります。

設立構想わずか六カ月後、開校式。ただ、政治的圧力を危惧《きぐ》して大隈は欠席します。それでも、大隈の意を代弁し、同志の小野梓《あずさ》が行った「建学の理念」を訴えた演説は火を吐くような名演説として有名です。「一国の独立は国民の独立を基盤とし、国民の独立はその精神の独立に根ざす。そして国民の精神の独立は実に学問の独立による」。

蛇足でしょうが、この**「学問の独立」とは、政治からの独立と同時に、母国語による授業という意味が込められている**そうです。

学長になった大隈は学内ばかりでなく、民間の多くの文化事業に関わります。例えば東京女子大や日本女子大の設立支援。さらに面白いことに、早大野球部のアメリカ遠征や野球の始球式でのセレモニーの発案なども行っています。現在、始球式でバッターが空振りするのは、大隈が暴投したのに対し、礼を重んじようと振ったことが由来とされています。

記録に残った政治家、記憶に残った教育者

政府から追われた大隈でしたが、不平等条約改正のため一八八八年、伊藤博文内閣の外相に請われ就任します。しかし、「意図的に改正案をリークし、国論を二分して調印を遅らせる」というイギリスの謀略で交渉は中断せざるを得なくなります。それればかりか、大隈を国賊と見る玄洋社の来島恒喜《くるしまつねき》に投げつけられた爆弾により右足を失ってしまいます。ただ、その際も、「片足の分、他に栄養が回る」と少しも動じなかったそうです。見事な豪傑ぶりです。

そして、臆することなく突き進み続け、立憲改進党を進歩党と改名。一八九八年六月には板垣退助の自由党と合併し、憲政党を結成します。日本で最初の政党内閣である第一次大隈内閣、通商「隈板内閣《わいはんないかく》」を誕生させたのです。六〇歳の時でした。

国民の熱烈な期待を背負った内閣でしたが、わずか四カ月に終わり、大隈は再度、引退することになります。それでも大隈個人の人気は不滅で、何と一六年後、七六歳の時、第二次大隈内閣が組閣されるのです。この内閣は第一次世界大戦に連合国側で参戦。西側列強と肩を並べるようになるものの、やがて大浦事件を起こし、国際社会から孤立していきます。結果、一九一六年十月、大隈内閣は総辞職し、彼は政界から完全に引退したのでした。

大隈の人生を振り返ると、二度の総理大臣、三度の外務大臣、そして内務大臣、農商務大臣など、光に満ちた政治家人生の面がクローズアップされがちです。しかし現在、多くの人が知るのは、早稲田大学創設者としての顔。伊藤博文は「大隈君とはいろいろ競ってきたが、教育機関をつくったという点ではかなわない」と述べています。福沢諭吉が亡くなった時も、遺族は他の人の供花は固辞しても、大隈の供花だけは受け取るほど仲が良かったそうです。教育者大隈は「人生の羅針盤として学問の重要さ」を世に知らしめ、現実に証明した人物だったのです。

一九二二年、大隈は八五年の生涯を閉じます。葬儀は国民葬の形が採られ、会場の日比谷公園には全国から二〇万とも三〇万とも言われる人々が集まりました。その様子を伝えた新聞は、**「国民と交渉の深かった点において、明治元老中、侯の右に出る者はいない」**と讃えました。何と、わずか一週間後に山縣有朋の国葬も行われたのですが、それを、「今日は民抜きの国葬で、幄《あく》舎《しゃ》（葬儀の際の仮屋）の中はがらんどうの寂しさ」と記しているのとは対照的でした。

Goto ● Shinpei

後藤新平《ごとうしんぺい》

1857年7月24日～1929年4月13日

国家の医師――人を残して死ぬ

そして、報いは求めぬように…

幕末から昭和の激動の時代、後藤新平ほど、その多彩で輝かしいキャリアと、前例にとらわれないクリエイティブな課題解決策で知られた人はいません。台湾総督府民政長官、満鉄初代総裁、鉄道院総裁、逓信大臣、内務大臣、外務大臣、そして東京市第七代市長を歴任。何とNHKの初代総裁や少年団(現ボーイスカウト)の総長にも就いています。

しかも、若かりし頃、医師としてスタートした彼は、三二歳の時にドイツに留学し、細菌学のコッホに師事もしています。帰国し、衛生局長に就いている時には、日清戦争後のコレラ上陸阻止でも実績を上げているのです。実に魅力的な人物です。

彼の魅力が遺憾なく発揮されている面白いエピソードがあります。自由民権運動の板垣退助が岐阜で暴漢に襲われた際、その治療に当たったのが二四歳の医師、後藤でした。彼は大怪我をしている板垣に対し、何と「ご本望でしょう」と言い放ったのです。その肝の据わった態度に対し、板垣は「政治家になれば大成するだろう」と予言したそうです。

後藤は右であろうと左であろうと、頼られればお金も貸したそうです。北一輝《きたいっき》にも大杉栄《おおすぎさかえ》にも…。有名なのは、読売新聞社の正力松太郎への一〇万円。正力が新聞社経営に乗り出した時、資金を融通したのが後藤でした。それも自宅を抵当に入れて、です。正力が知ったのは後藤の没後。正力は、「地域で人々が集い、議論するのが自治の出発点」という後藤の言葉を思い出し、日本初の公民館建設のために借りた二倍近いお金を後藤の故郷、水沢町に寄付したのです。

後藤はまさに、「人のお世話にならぬよう、人のお世話をするように、そして、報いは求めぬように」という自らの言葉を裏切らない生き方を貫いたのでした。

ヒラメの目をタイの目にすることはできない

医師であった後藤は、常に「生物学の原則に則る」ことを大事にしました。「ヒラメの目をタイの目にすることはできない」というのです。要は、**「社会の習慣や制度は生物と同様で、相応の理由と必要性から発生したもの。無理な変更は大きな反発を招く」ということ。つまり、後藤にとっては実態把握がすべてにおける第一歩なのです。**

台湾経営に当たっても、後藤は徹底的に現地の文化・習俗、経済モデルを調査します。当時、日本では行われていなかった国勢調査を台湾で行ってもいます。その上で、広い道路をつくり、上下水道のインフラを整備、衛生面も改善していきます。和解のためには、抗日ゲリラと直接交渉もしています。結果、わずか九年で台湾の近代化に成功するのです。

断るまでもないことでしょうが、後藤の考えである「ヒラメの目は…」は、単なる「郷に入れば郷に従え」とは似て非なるものです。あくまでも実態に合致した、理想へのアプローチ法の構築の必要性を示唆しているのであり、目指す理想を低くすることではありません。

実態把握のこの姿勢は、満鉄総裁としても十二分に発揮されます。この満鉄時代、とりわけ驚嘆するのは、その運営資金を日本に頼らず、社債をロンドンで売り出して生み出したことでしょう。その調達額は日本の国家予算の八分の一に相当する、二億円に及んだそうです。

こうして後藤は、「都市開発の父」と呼ばれるようになり、その業績が買われ、一九二〇年、東京市長となるのでした。当時、東京は問題山積の都市。入り組んだ細い路地に長屋が続き、大火の危険もありました。そこで後藤は、道路拡張、上下水道、公園、葬儀場に至るまで、すべてをつくり替える壮大な改造計画を立てます。予算は当時の国家予算の半分以上の八億円。「後藤の大風呂敷」と揶揄され、計画は頓挫。結局、わずか二年で辞任することになります。

ところが、一九二三年の関東大震災。犠牲者は一〇万人を超えました。その非常事態に際し、時の首相、山本権兵衛《ごんべい》が頼り、帝都の再建を託したのが後藤でした。

後藤が一晩で作った復興案の予算は三〇億円。皇居を中心に何重にも環状道路を広げ、多くの公園を設置する計画でした。広い道路は市民の避難を助け、公園は避難場所になります。欧米でも例のない、最新の計画です。しかし、周囲の理解は全く得られません。「復興」より「復旧」が先だというわけです。また、地主たちからのすさまじい反対もありました。

そこで彼は、四分の一の予算を断腸の思いで受け入れます。その上で台湾や満州時代の部下を集め、新たな秘策を打ち出します。「区画整理」です。土地所有者から少しずつ無償で土地を提供してもらい、整理して寄せ、空きスペースをつくるのです。この方法によって、少ない予算で土地が確保でき、昭和通りなど、現代にも残る広い道路が造られました。さらに、不燃建築の同潤会アパート、隅田川の吾妻橋などの鉄製の名橋や、日本初の川辺公園である隅田公園なども造られました。まさに**「人と生命と健康」を公共の中心に据えた都市づくりです。**

昭和天皇は、一九八三年の記者会見で、後藤が断腸の思いで諦めた当初の計画について、「それが実行されていたら、東京あたりは戦災がもう少し軽かったのではないか。今さらながら非常に残念に思っています」と述べられています。**後藤が掲げた計画がいかにすばらしく、一〇〇年先を見通したものだったか、証明されたのです。**

金を残して死ぬ者は…

後藤新平は人材活用の名手でもありました。彼は、震災後、渋沢栄一（119P）に協力要請をしています。渋沢は「私のような老人はこういう時、いささかなりと働いてこそ生きている申し訳がたつ」と、八三歳ながら復興資金調達やその分配等で、八面六臂の活躍をします。また、台湾時代には、アメリカから新渡戸稲造《にとべいなぞう》を招いてもいます。病弱を理由に固辞する新渡戸に対しては、執務室にベッドを持ち込むなどの特別な条件を提示して承諾させます。結果、新渡戸は台湾でのサトウキビやサツマイモの普及と改良に大きな成果を残したのです。

その一方で、若い人材もどんどん登用します。満鉄時代、その若さを「午前八時の男」と後藤自身が表現した、四〇歳そこそこの中村是公《なかむらよしこと》を副総裁に大抜擢し、見事に育てます。**「最大の経済対策は人を育てることにある」**。彼の含蓄ある言葉です。

後藤はまさに**プロジェクト型のリーダーでした。困難な状況、危機的な状況にあっても、いや、そういう状況にあるからこそ、大きな目標を掲げ、達成のためにベストの方法を考え抜きました。**きっと彼は、この状況においてどういう人間が必要とされているかも本能的に理解していたのでしょう。そうして、能力と意欲のある人材をあらゆる分野から集めて、着実に遂行していったのでしょう。

彼が一九二九年に七一歳で亡くなった時、残ったのは莫大な借金でした。そして、**後藤の最期の言葉は、「金を残して死ぬ者は下だ。仕事を残して死ぬ者は中だ。人を残して死ぬ者は上だ」**。「国家の医師」とも呼ばれた男の、信念のある、潔い人生でした。

●文献リスト●

秋元康『企画脳』PHP文庫
今泉亨吉『上杉鷹山公小伝』米沢御堀端史蹟保存会
大谷暢順『蓮如の遺した教え――知れるところを問ふ』致知出版社
小和田哲男『史伝 山田長政』学研M文庫
柏原宏紀『明治の技術官僚――近代日本をつくった長州五傑』中公新書
門田明『若き薩摩の群像――サツマ・スチューデントの生涯』高城書房出版
熊田忠雄『明治を作った密航者たち』祥伝社新書
佐藤伸行『世界最強の女帝メルケルの謎』文春新書
臼井隆一郎『榎本武揚から世界史が見える』PHP新書
竹内誠・監修　大石学・磯田道史・山本博文・岩下哲典『外国人が見た近世日本――日本人再発見』角川学芸出版
田中英道『葛飾北斎――本当は何がすごいのか』育鵬社
筒井清忠『西條八十』中公文庫
デイビット・ウィナー・著　箕浦万里子・訳『エリノア・ルーズベルト』偕成社
中村彰彦『保科正之――徳川将軍家を支えた会津藩主』中公新書
P・F・ドラッカー・著　有賀裕子・訳『マネジメント――務め、責任、実践Ⅰ』日経BP
百瀬明治『大実業家 蓮如――親鸞を継ぎ日本最大の組織を創った男』祥伝社
矢吹邦彦『炎の陽明学――山田方谷伝』明徳出版社

あとがき

昭和のその昔のことです。知人の結婚披露宴で安岡正篤《やすおかまさひろ》に会いました。祝辞で安岡は日本人の創造性について言及し、その点で尊敬してやまない人物として山田方谷の名を挙げていました。安岡が「歴代総理の指南番」と呼ばれ、終戦の詔勅《しょうちょく》起草に関わったことなどを知ったのは後日のこと。もちろん、山田方谷という存在も、無知だった当時の私は知りませんでした。

興味をもった私が方谷のことを調べてみると、新鮮な驚きの連続でした。それまで私が教えられてきたのは、「江戸時代は鎖国によって暗黒の時代だった」という考え方でしたが、暗黒と言われる時代に先駆的資本主義そのものの藩政改革を断行した天才的人物がいた事実、さらには、その才能をきっちりと認めた人物もいたという事実に圧倒されました。幕藩体制下での、「パックス・トクガワーナ二六〇年」の厚みを感じました。

私は長く教育界に身を置いた人間です。学校という狭い世界で生きてきましたが、子どもを通し、そこはどこよりも時代を感じる場、感じざるを得ない場でもありました。だからこそ、阿《おもね》ることなく、目の前の時代とどう向き合うべきかは、常に私の最大の課題でもありました。

その時、私が教えを乞うたのが、方谷をはじめ時代と向き合った歴史上の人々、そして、今現在の時代と向き合っている人々です。国の内外を問いません。彼らは私にとって無双の教師でした。その知恵に、校長として学校経営に携わった後も、また地方議員に身を転じてからも助けられ、何を目指すべきかを教えられました。地方行政・議会はある意味、闘争の場でもあったからです。

ところがです。すばらしい過去・現在の人物の業績について、知らない人の何と多いことか。時代に求められて登場した人々でしたが、時代に忘れられた人々でもあったのです。だからこそ、時の評価に流されることなく、自分なりの視座を持って学びたい、そうあるべきだろうと思いました。本書は、偉業を成し遂げた人物の知られざる一面について、できるだけ多くの人に知ってほしいと願い、まとめました。

もちろん、十二分に書き尽くせたとは思っていません。でも、それが良いのかもしれないとも思っています。時代が求め、時に忘れられた人と気楽に接しながら、そこから私がそうであったように、何かをみつける機会になれば、と思うのです。

最後に、本書を出版するにあたり多大なご尽力をいただいた、クローバー出版の田谷裕章氏、「月刊プリンシパル」の元編集長の花岡萬之氏、本書編集者の鷹野原美奈氏に心から感謝を捧げます。

鈴木　茂

推　薦

鈴木茂先生は達意の文章家である。加えて目の付けどころがいい。元々、歴史の専門家でもない先生だが、一念発起して筆を執った人物は実に生き生きとしている。悪評を受けていた荻原重秀、田沼意次、以心崇伝らは光が当たった。特にあの山田方谷は評価されるべき人物なのに見過ごされてきた。その方谷が此処に漸く蘇ったのである。

浦井正明（東叡山寛永寺貫主）

うらい・しょうみょう●一九三七年生まれ。寛永寺執事長、台東区教育委員会委員長、台東区文化財保護審議会委員等を歴任。二〇二〇年第三二世東叡山輪王寺門跡門主・寛永寺貫主に就任。著書に『もうひとつの徳川物語 将軍家霊廟の謎』（誠文堂新光社）『上野寛永寺将軍家の葬儀』（吉川弘文館）等がある。

【著者略歴】

鈴木　茂（すずき　しげる）

1936年生まれ。1958年千葉大学教育学部を卒業。東京都公立学校教諭･校長として勤務。体験を重視した流山での農作業やボランティア学習を推進する。全国に先駆けたその取り組みは国会でも取り上げられ、時の文部大臣の視察を受けた。また、多くのメディアにも注目され、特に、毎日新聞では1週間にわたり、特集が組まれた。

1995年、東京都台東区区議会議員に転身。16年間、地方政治の世界に身を置く。2010年には東京都23区議長会会長に選出され、各区の議長をまとめ、東京都の教育改革に向けて尽力した。

教育、地方行政に携わる中で、過去・現在、あるいは各分野で力を発揮した人物たちから学ぶ価値と意味を感じるようになる。特に、リーダーとして組織をまとめる上で大いに学ぶことがあることに気づき、ライフワークとして取り組んできたことが本書の執筆につながった。

主な著書に、『大人になりかけた君へ』『中退なんか恐くない』（ゴマブックス）、『中学校学校講和事例集』１，２，３学期 全３巻（学事出版）ほか、生徒指導関係、ボランティア教育関係など共著多数。

産経新聞「教育相談室」（1989～91年）担当。

2013年旭日雙光賞受章。

本文デザイン・装幀:宮澤来美(睦実舎)
本文組版:野中賢、安田浩也(システムタンク)
校正協力:永森加寿子
編集:鷹野原美奈、田谷裕章

教科書では教えてくれない 知られざる偉人の正体

教養としての人物学

初版1刷発行 ●2023年 8 月22日

著　者　鈴木　茂
発行者　小川泰史
発行所　株式会社Clover出版
〒101-0051　東京都千代田区神田神保町3丁目27番地8
三輪ビル5階
TEL 03-6910-0605
FAX 03-6910-0606
https://cloverpub.jp
印刷所　日経印刷株式会社

ISBN978-4-86734-165-0 C0020